헝가리에서 벨기에까지

90일간의 유럽 자전거 여행기

1편

90일간의 유럽 자전거 여행기 1편
- 헝가리에서 벨기에까지

초판 1쇄 발행 2021년 8월 13일

지은이 심언석
펴낸이 장현수
펴낸곳 메이킹북스
출판등록 제 2019-000010호

디자인 안영인
편집 안영인
교정 안지은
마케팅 송유리

주소 서울특별시 금천구 가산디지털1로 142, 312호
전화 02-2135-5086
팩스 02-2135-5087
이메일 making_books@naver.com
홈페이지 www.makingbooks.co.kr

ISBN 979-11-91472-84-4(04930)
값 17,500원

ⓒ 심언석 2021 Printed in Korea

잘못된 책은 구입하신 곳에서 바꾸어 드립니다.
이 책의 전부 또는 일부 내용을 재사용하려면 사전에 저작권자와 펴낸곳의 동의를 받아야 합니다.

홈페이지 바로가기

메이킹북스는 저자님의 소중한 투고 원고를 기다립니다.
출간에 대한 관심이 있으신 분은 making_books@naver.com로 보내 주세요.

심언석 지음 　　　　　　　헝가리에서 벨기에까지

90일간의 유럽 자전거 여행기

1편

메이킹북스

프롤로그 · 8

1. 영국 – 명불허전 입국 심사, 놓쳐버린 펍(Pub) ··· 12
2. 헝가리 ··· 20
   2.1. 유럽 친구들과의 첫 만남 ··· 21
   2.2. 부다페스트(Budapest), 아름다움에 취하다 ··· 25
   2.3. 도나우강을 따라서, 옛 영화를 간직한 에스테르곰(Esztergom) ··· 33
   2.4. 봄 향기를 느끼며 ··· 40
   2.5. 죄르(Győr), 소박한 아름다움을 담은 그곳 ··· 48

3. 슬로바키아 ··· 56
   3.1. 미지의 나라, 슬로바키아로 ··· 57
   3.2. 너무나도 평온하고 순박했던 그곳, 브라티슬라바(Bratislava) ··· 63

4. 오스트리아 ··· 80
    4.1. 화려함과 만나다! 빈(Wien) ··· 81
    4.2. 멋스러운 시골길, 너른 들판을 가로질러 ··· 99
    4.3. 자연이 선물해준 최고의 아름다움 ··· 110

5. 체코 ··· 115
    5.1. 내 마음을 훔쳐간 즈노이모(Znojmo) ··· 116
    5.2. 맑고 청명한 날씨 속 즐거운 시골길 라이딩! ··· 126
    5.3. 프라하(Praha)! 예술에 취하고 낭만에 반하다 ··· 135
    5.4. 아름답고 조용한 시골길 라이딩! ··· 160
    5.5. 플젠(Plzeň)에서의 성지 순례. 내 목을 적셔주던 시원한 맥주,
          필스너 우르켈 ··· 171
    5.6. 플젠, 그리고 보헤미안 랩소디(Bohemian Rhapsody) ··· 189
    5.7. 체코와의 아쉬운 작별 그리고 만난 독일 맥주 ··· 206

6. 독일 ··· 215

- 6.1. 맥주의 나라, 축구의 나라 독일과의 첫 만남 ··· 216
- 6.2. 암베르크(Amberg)로 가는 길, 멋진 날씨와 환상적인 자전거 도로 ··· 220
- 6.3. 뉘른베르크(Nürnberg), 즐거운 축제 속으로 ··· 230
- 6.4. 뉘른베르크, 열정과 예술 속으로 ··· 240
- 6.5. 아픈 과거를 돌아보다 ··· 251
- 6.6. 밤베르크(Bamberg), 아름다운 역사의 도시 ··· 258
- 6.7. 강 따라 구름 따라, 정겨운 시골길 ··· 274
- 6.8. 역사가 살아 숨 쉬는 로맨틱한 도시, 뷔르츠부르크(Würzburg) ··· 284
- 6.9. 유럽 경제의 중심, 프랑크푸르트(Frankfurt) ··· 299
- 6.10. 아기자기한 역사의 도시, 림부르크안데어란(Limburg an der Lahn) ··· 315
- 6.11. 서독의 수도, 베토벤의 고향, 본(Bonn) ··· 334
- 6.12. 너는 본 적 있는가, 쾰른(Köln) 대성당을! ··· 357
- 6.13. 독일에서의 마지막 밤.
  국경 도시 묀헨글라트바흐(Mönchengladbach) ··· 374

***7.* 네덜란드** ··· 383
    7.1. 암스테르담(Amsterdam)! 무엇을 상상하든지 그 이상이다! ··· 384
    7.2. 행복한 시간, 하이네켄 체험관(Heineken Experience)! ··· 410
***8.* 벨기에 - 음악과 맥주가 넘쳐 흐르던 흥겨운 도시,
    브뤼셀(Brussels)!** ··· 417

부록 Euro Velo (유로 벨로 / 유럽 자전거 길) · 443

프롤로그

흘러가는 시간 속에 몸을 맡긴 채 단조로운 일상에 몸부림치던 어느 날, 나는 어느 여행가가 인터넷에 쓴 글을 보았다. 유독 내 눈에 들어오는 한 구절. '인생은 한 번뿐, 다시 돌아오지 않는다!' 그 사람의 말은 정체된 삶을 살고 있던 나를 일깨워주기에 충분했다.

길게 생각하지 않았다. 그저 마음이 가는 대로 움직일 뿐. 우선 가족들에게 여행에 대한 나의 꿈을 설명해주고 동의를 구했다. 여행은 나의 버킷 리스트 중에서도 항상 최상위에 있었기 때문에, 나만의 여행을 꼭 하고 싶었다. 통보에 가깝긴 했지만 고맙게도 가족들은 나의 이런 꿈에 응원을 보냈다. 이어서 가장 친한 친구 녀석도 나를 응원해 주었다. 그 정도면 충분했다. 길을 떠나기에는.

그 즉시 다니던 직장에 사직서를 제출하고 꿈을 펼치기 위한 인생 2막에 도전장을 내밀었다. 희미하게 보이던 꿈이 사직서를 내고 나서야 밝게 빛나기 시작했다. 이제는 정말 돌아올 수 없는 강을 건넌 것이다. 이 때부터 무조건 전진하기 시작했다.

그럼 어떻게 여행을 할까 생각해 보았다. 기왕 가는 거 남들 다 가는 패키지여행이나 자동차, 기차 여행은 별로였고, 그래서 생각한 것이 바로 '자전거 여행'이었다.

어디로 갈까도 많이 고민했다. 처음에는 미국 횡단을 하려 했는데, 지인 분이 미국은 자동차의 나라이고 유럽이야말로 자전거를 위한 곳이니 자전거 여행을 하려거든 유럽으로 가라고 조언을 해주셨다.(이분은 유럽 유학파셨는데, 지금도 감사를 드린다. 너무나도 중요한 조언을 해주셨기 때문이다.) 지금 돌이켜 생각해 보아도 그 조언은 신의 한 수였다. 그래서 결정한 곳이 바로 유럽! 기왕 가는 거 솅겐 조약[1]에 따른 무비자 90일을 꽉꽉 채워서 다녀오는 일정으로 잡았다.

이렇게 대략적인 큰 그림을 구상하고 나서 어디를 갈까 생각을 해보았다. 목적지는 유럽의 끝 포르투갈 리스본으로 못 박아두고 총 4개의 루트를 구상해 보았는데, ① 러시아 모스크바 - 리스본, ② 터키 이스탄불 - 리스본, ③ 폴란드 바르샤바 - 리스본, ④ 헝가리 부다페스트 - 리스본의 4가지 루트를 두고 고민하기 시작했다.

---

1) 영어로는 Schengen agreement. 가입국들 사이의 국경 검문을 폐지하는 것이 이 조약의 목표이다. 가입국들 사이에 자유로운 물적, 인적 이동을 보장하는 것이 골자인 솅겐 조약 덕분에, 비가입국인 우리나라 국민들도 최초 입국일로부터 180일 사이에 최대 90일간의 체류가 인정되는 혜택을 누리게 되었다.

모스크바와 이스탄불은 너무 멀었고, 폴란드에서 시작하면 많은 국가를 돌아보기가 어려웠다. 그래서 최종적으로 낙찰된 것이 바로 헝가리 부다페스트에서 포르투갈 리스본으로 가는 루트!

그다음 어느 곳을 들를까 지도를 보고 고민에 고민을 거듭했다.
우선 자전거로 들어가기 힘든 영국은 비행 경유를 통해 방문하기로 했다. 솔직히 미국에 버금간다는 영국의 악명 높은 입국 심사장에 대한 소문도 한몫 차지했다. 이때만 해도 중간 경유지에서 나갈 때도 엄격한 입국 심사를 받아야 한다는 것을 알지 못하고 있었.
어쨌든 이렇게 해서 영국을 찍고 헝가리를 시작으로 슬로바키아 - 오스트리아 - 체코 - 독일 - 네덜란드 - 벨기에 - 프랑스 - 스페인 - 포르투갈까지. 경유지 영국 포함 총 11개국을 아우르는 거대한 프로젝트가 드디어 첫발을 내딛게 되었다!

일정이 확정된 다음, 자전거를 샀다. 뭔가 순서가 거꾸로 된 것 같지만, 이때까지도 자전거가 없었다. 물론 자전거가 있긴 했는데, 2011년 교통사고로 인해 자전거가 부서진 후 이때까지 자전거 없이 지내왔었다. 물론 운동을 좋아해서 여러 가지 운동을 계속 해왔기 때문에 체력에 대한 어느 정도의 자신감은 있었다.

자전거를 사기 위해 여러 가게를 방문했다. 어느 집은 100만 원, 200만 원짜리를 추천해 주었다. 유럽 여행 가려면 그 정도 자전거는 있어야 한다고. 하지만 그 가격의 자전거는 여러모로 부담이었다. 그래서 다른 자전거 가게의 사장님께 추천받은 스캇(Scott) 하이브리드 자전거가 최종 낙찰되었다. 가격은 52만 원. 합리적인 가격에 보기만 해도 튼튼한 놈이었다. 아주 새카만 자전거였는데, 지인과의 술자리에서 자전거에 대한 이야기가 나왔고, 그 지인이 새카만 자전거 이름으로는 '오골계'가 잘 어울린다며 오골계라는 이름을 지어주었다.

마지막으로 숙소 문제를 어떻게 해결할까 고민하기 시작했다. 오래 재직했던 것도 아니라서 퇴직금은 그리 많지 않았고, 재벌가 2세도 아닌지라 예산은 한정적일 수밖에 없었다. 그렇다고 야외에서 자는 것은 싫었다. 비박은 군대에서 경험한 것만으로도 충분했으니까. 텐트에 침낭까지 자전거에 실으면 짐이 적어도 2배 이상은 늘어나는 문제도 물론 중요한 골칫거리였다.

이 적은 예산 안에서 어떻게 90일 동안의 유럽 여행을 무사히 잘 다녀올 수 있을까 고민하던 차에 어느 날 눈에 띈 인터넷 사이트가 있었으니, 바로 자전거 여행객들을 위한 무료 숙소 공유 사이트인 '웜샤워(www.warmshowers.org)'였다. 이곳을 통해서 많은 친구들을 사귈 수 있었고, 많은 도움 역시 받을 수 있었다.

후에는 '카우치서핑(www.couchsurfing.org)'이라는 곳도 알게 되었는데, 이 두 사이트를 통해 숙박비를 아낌과 동시에 그들의 삶 속으로 깊숙이 들어가는 일석이조의 여행을 할 수 있었다.

이런저런 준비가 대충 끝났으니, 이제 남은 것은 출발!

1.

영국
- 명불허전 입국 심사,
놓쳐버린 펍(Pub).

2016년 4월 18일(월).
일정 : 한국 인천 공항 ~ 영국 런던(London)

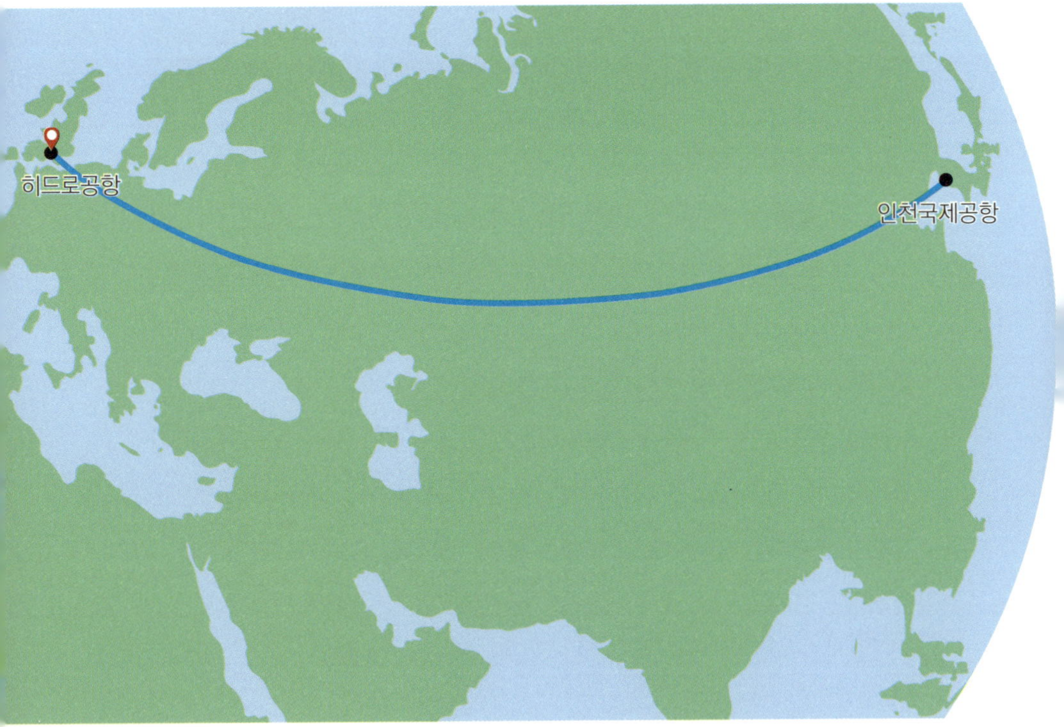

4월 18일(월), 아침 첫 버스를 타고 인천 공항으로 향했다. 늦게 출발할 수도 있었지만, 늦는 것보다는 조금 빨리 가서 기다리는 것이 낫겠다 싶어서 아주 여유롭게 출발했다.

14시 비행기였는데 공항에 도착한 것은 09시 30분. 자전거를 화물로 부치고 휴대폰 정지도 시키고 화장실도 갔다 오니 어느새 탑승 시간, 부푼 마음을 안고 비행기로 향했다. 역시 출발 직전 시간이 주는 설렘은 어마어마했다. 심장 뛰는 소리가 생생하게 들릴 정도였으니까.
비행기는 제시간에 맞춰서 출발했다. 드디어 떠나는구나. 비행기가 뜨고 나니 드디어 제대로 실감이 났다.

비행기는 예정 시간에 잘 맞춰서 런던의 히드로 공항(London Heathrow international Airport)에 도착했다. 그런데 상상만 하던 최악의 일이 벌어지고 말았으니, 입국 심사대에서 그만 잡힌 것이다. 웬 동양인 남자가 자전거 여행을 한답시고 왔으니 궁금한 게 많은 것은 당연하겠지만, 잠깐 머물다 떠날 영국 입국 심사가 이렇게 힘들 줄은 몰랐다.

결혼은 했냐, 애는 있냐, 직업은 뭐였냐, 여행 경로가 어떻게 되냐, 카드는 몇 개 있냐, 카드 한도는 얼마냐, 통장 잔고는 얼마냐 등등……. 나중에는 아예 그냥 여행에 관련해서 준비한 서류 및 보험 증서 등을 모두 보여주었다. 그랬더니 그걸 들고 심사를 좀 더 해야 한다고 가져갔다. 그 서류 뭉치를 가져가는데 순간 피식 웃음이 났다. 어차피 내가 준 서류들 모두가 한국어로 쓰여 있어서 알아보지도 못할 거면서, 뭘 검토한단 말인가?

그렇게 입국 심사대 한쪽에 마련된 의자에 앉아 한참을 앉아서 대기했다. 이윽고 다음 비행기에서 내린 사람들까지 나와서 입국 심사를 받고, 그렇게 얼마나 지났을까. 입국 심사관이 서류를 돌려주고 여권에 도장을 찍더니 끝. 그것으로 순식간에 상황이 종료되었다. 뭔가 허무하고 화가 났지만 다행스러운, 여하튼 평생 경험해보지 못한 그런 묘한 기분이었다. 입국 거절이 안 된 것을 감사해야 하나?

그렇게 피곤에 쩔고 분노 게이지가 올라간 상태에서 예약해놓은 호스텔로 향했다. 영국에서는 자전거를 탈 계획이 없어서 이동은 대중교통으로 했는데, 런던 시내에 도착하고 나니 이미 해는 지고 거리에는 어둠이 잔뜩 깔려 있었다. 나는 우선 무거운 가방을 빨리 내려놓고 쉬고 싶어서 간판을 열심히 찾았는데, 호스텔은 어디에도 보이지 않았다. 아직 이곳 주소에 익숙하지 않았던 터라 한참을 헤매야 했다. 다행히도 거리의 사람들이 내 질문에 친절히 답을 해주며 많은 도움을 주었다.

우여곡절 끝에 호스텔에 도착을 했는데, 호스텔 내부도 내 두 눈을 의심케 만들었다. 주먹만 한 원룸에 침대를 몇 개나 쑤셔 넣어 놨는지……. 게다가 내가 들어간 방의 사람들은 모두 잠을 자고 있었다. 그때가 겨우 밤 11시쯤 되는 시간이었는데도 말이다! 더군다나 내겐 유럽에서의 첫날 밤이었는데!!!
그 입국 심사관 때문에 펍에 가서 시원하게 맥주 한잔 하려던 계획은 모두 물거품이 되었고, 그렇게 유럽에서의 첫날 밤은 아무 일도 없이 저물어갔다.

다음 날 현지 시각 새벽 5시, 시차 탓에 군대에서 야간 경계 근무를 설 때나 일어나던 그 시간에 눈을 떴다. 흘러가는 시간이 아쉬웠던 나는 대충 씻고 산책을 나왔다. 이날이 런던에서의 마지막 날이었으니까.

밤늦은 시간 도착한 호스텔. 간판이 없어서 찾는 데 한참 걸렸다.

제일 먼저 눈에 띈 것은 런던의 명물 2층 버스. 카메라를 갖다 대자 운전기사는 익숙한 듯 손가락으로 'V'자를 그리며 활짝 웃어주었다.

런던의 명물 2층 버스. 반짝반짝 광이 나는 것이 새것처럼 보였다.

　　　런던의 숙소로 공항에서 제법 떨어진 호스텔에 굳이 머물렀던 첫 번째 이유는, 바로 하이드 공원(Hyde Park)과 버킹엄 궁전(Buckinham palace) 때문이었다. 호스텔에서 바로 지척인 거리에 이 두 명소가 있었기 때문이다. 런던의 아침을 만끽하며 산책에 나섰는데, 하이드 공원에서 신기하게도 어떤 회의에 참석하신 한국 분을 만나서 이야기를 나누며 사진을 한 컷 찍었다. 이역만리 떨어진 외국의 공원에서 새벽에 처음 만난 사람이 한국인이라니!

이른 아침 하이드 공원(Hyde Park)에서.

런던의 거리에서 가장 인상 깊었던 것은 바로 어마어마한 크기의 가로수였다. 나무들은 10층 건물과 맞먹는 높이였는데, 길게 늘어선 가로수들이 아주 장관을 이루고 있었다.

런던 시내의 가로수들. 건물들이 작은 것이 아니라 나무가 아주 큰 것이다.

그 다음 목적지는 버킹엄 궁전(Buckinham palace). 아쉽게도 너무 이른 아침이라 궁전의 정문은 굳게 닫혀 있었다. 언제 문이 열린 이 궁전에 다시 올 수 있을까. 기약 없는 기다림을 남길 수밖에.

새벽 이슬을 맞아 더욱 반짝이는
버킹엄 궁전 앞 '빅토리아 기념비'

안에는 들어가지 못하고 궁전 앞에서 찰칵.

궁전을 둘러보고 다시 호스텔로 돌아오는 길, 마찬가지로 하이드 공원을 가로질러 갔다. 그새 출근 시간이 되었는지 공원은 출근하는 사람, 아침 운동을 하는 사람, 학교 가는 학생 등 많은 사람들로 붐비기 시작했다. 런던은 그렇게 바쁜 아침을 맞이하고 있었다.

공원 내의 자전거 도로와 아주 크고 우람한 나무들.

이른 아침 말을 타고 공원을 거니는 사람.
이곳이 영국임을 더욱 실감할 수 있었다.

이어서 마주한 또 하나의 잊을 수 없는 광경. 바로 횡단보도였다. 영국의 차량 흐름은 우리나라와는 반대이다. 이걸 머리로는 알고 있으면서도 어쩔 수 없이 익숙한 방향으로 시선이 먼저 꺾이는 것은 어찌할 수 없었다. 얼마나 사람들이 헷갈려 했으면 횡단보도에 이런 글귀를 다 써놓았을까?

땅을 보고 차가 오는 방향을 실컷 확인해 놓고선, 막상 길을 건널 때는 다시 반대 방향을 주시했다. 몸에 익은 습관은 하루아침에 고쳐지지 않았다.

이렇게 짧은 런던 투어는 끝이 났다. 그 유명하면서도 악명 높은, 영국을 대표하는 음식인 피시 앤 칩스(Fish and chips)와 그렇게 꿈에 그리던 런던의 펍 근처도 못 가보고, 아쉽게도 짧았던 런던 방문은 이렇게 막을 내리게 되었다.

아, 하나 굳게 다짐한 것이 있었다. 다음에 다시 영국을 오게 될 일이 있다면 반드시 패키지로 오거나 짧은 일정으로 와서 편하고 빠르게 입국하리라.

2. 헝가리

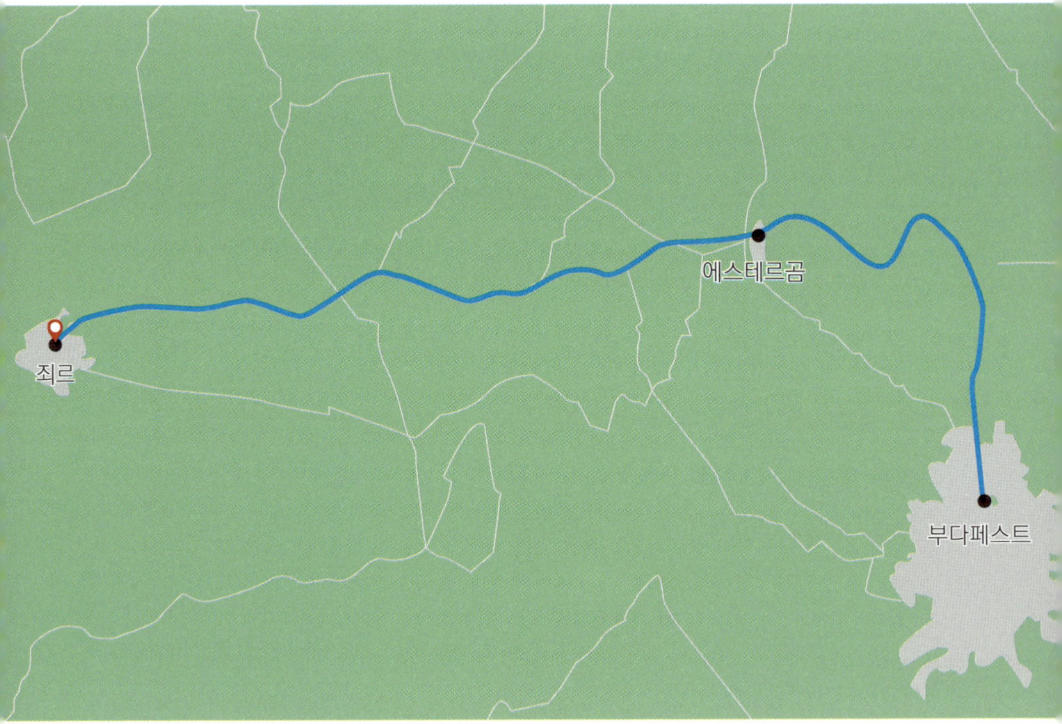

일정 : 부다페스트(Budapest)~에스테르곰(Esztergom)~죄르(Győr)

2.1. 유럽 친구들과의 첫 만남

2016년 4월 19일(화).
일정 : 영국 런던(London) ~ 헝가리 부다페스트(Budapest)

드디어 헝가리 부다페스트행 비행기에 올랐다. 런던에서 부다페스트까지는 약 4시간 30분. 헝가리 부다페스트 공항에서의 입국은 허무하리만치 쉬웠다. 입국 심사관이 얼굴 슥 보고 도장 찍고 끝. 뭔가 더 남아있을 것이라 생각하고 단단히 준비하고 있었는데, 이 입국 심사관은 벌써 다음 사람을 부르고 있었다.

마음속으로 단단히 벼르고 있었는데, 이렇게 그냥 지나가기가 못내 아쉬웠다. 그래서 입국장을 나서면서도 계속 뒤를 돌아보았다. 헝가리 입국이 쉬웠던 것은 영국 입국 도장이 큰 역할을 했거나, 아니면 원래 한국 사람은 헝가리 입국이 쉽거나, 둘 중에 하나였으리라.

그렇게 유럽 본토로의 입국을 완료하고 공항에서 박스 안에 꽁꽁 싸 놓은 자전거를 꺼내 하나하나 조립하기 시작했다. 공항에서 땀 뻘뻘 흘려가며 한국에서 열심히 배웠던 자전거 조립 기술을 드디어 써먹기 시작한 것이다. 공항 직원 몇 명도 신기한 듯 이 장면을 구경하였다. 그런데 이때 아주 안타까운 사건이 발생했으니, 그것은 바로 소주병 파손 사건! 한국에서 가져갔던 병 소주를 땅에 떨어뜨리는 바람에 병이 산산조각이 나 버린 것이다. 여행 중간 한국 음식이 그리울 때 마시려고 가져왔던 것인데, 그 머나먼 비행 동안 잘 버텨 오다가 그만 공항에서 깨져버리고 말았다. 이 소주병 사건은 뒤이어 벌어질 엄청난 사건을 암시하고 있었다.

우여곡절 끝에 자전거 조립을 완성하고 뒤에 짐을 주렁주렁 싣고 부다페스트의 친구 집으로 향했다. 여행 전 미리 예상 경로를 작성하고 웜샤워와 카우치서핑을 통해 미리 현지의 친구들을 섭외했었다. 부다페스트에서 드디어 첫 번째 Host[2]를 만나러 신나게 도로를 달리는 찰나, 자전거에서 이상한 소리가 들리기 시작했다. 자전거는 분명 아무 이상이 없었고 말짱히 잘 달리고 있었는데, 문제는 전혀 예상치 못한 곳에 있었다. 한푼이라도 아끼려고 싸게 샀던 패니어(pannier) 가방이 뒤쪽에서 인수분해되고 있었던 것이다! 자전거는 한국에서 몇 번 타보기라도 했지, 가방은 이번 여행에 첫 개시를 한 것인데 개시를 하자마자 처참하게 부서지다니….

낯선 도시에서 여행의 시작과 동시에 좌절과 쓰라림을 겪으며 기분이 아주 멜랑꼴리해졌다. 왜 상품의 질보다는 금액에 맞추었을까 하는 자책에 너무 많은 짐을 들고 왔나 하는 자기반성, 한국에서 가방 테스트도 안 하고 나는 뭐 했나 하는 후회, 해가 지기 시작했는데 Host의 집에는 어떻게 가야 하나 하는 걱정과 이 가방을 어떻게 처리해야 하나 하는 고민까지. 시작하자마자 '집에 가고 싶다'는 생각이 절로 들기 시작했다.

---

2) 웜샤워와 카우치서핑의 집주인을 통상적으로 'Host(호스트)'라고 하고, 손님은 'Guest(게스트)'라고 한다. 이 책에서는 집주인-손님을 Host-Guest로 통칭하도록 하겠다.

본격적인 여행의 첫날, 유럽에서의 첫 라이딩을 시작한 지 채 1시간도 되지 않아 벌어진 이 어처구니없는 사건을 해결하기 위해 우선 길가에 있는 어느 슈퍼마켓에 들어갔다. 낯선 타국에서 어떻게 욕을 하면 가장 차지게 들리려나 고민을 하며, 일단 목마른데 물이나 한잔 하자고 들어선 이곳은 카드 사용이 되지 않았다. 물론 나는 아직 환전도 하기 전이라서 헝가리 포린트(HUF)[3]도 없었다.

어쩜 이렇게 일이 꼬일 수 있단 말인가!!! '여기서 택시 타고 한국 집에 가면 1억 원은 나오겠지?' 이런 쓸데없는 상상을 하며 어떻게 해야 하나 방법을 찾던 나의 눈에 한 무리의 청년들이 보였다. 이 슈퍼마켓에는 우리나라의 편의점처럼 한쪽에 술을 마시며 쉴 수 있는 자리가 마련되어 있었고, 그곳에서 헝가리 남자들 무리가 맥주를 마시고 있었다. 나는 그들에게 다가가 도움을 요청했고, 그중 한 명이 나서서 나를 도와주기 시작했다.

헝가리 아저씨와 한국인 아저씨 사이에서 펼쳐지는 숨 막히는 대화. 우린 손짓 발짓 얼굴 표정 다 섞어가며 대화를 나눴고, 그래도 뜻이 통하지 않을 때는 휴대폰의 단어장도 써가며 열심히 대화를 나눴다. 마침내 그는 나의 뜻을 알아차리고 Host에게 전화를 걸어 현재 내가 처한 상황과 위치를 정확하게 알려주었고, 내가 슈퍼마켓에서 먹을 것을 살

---

3) 기본적으로 유로존 국가들은 유로(EUR)를 사용하지만, 영국은 파운드(GBP), 헝가리는 포린트(HUF), 체코는 코루나(CZK)를 사용한다. 나는 여행 기간 동안 이렇게 총 4개의 화폐를 사용했다.

수 있도록 환전도 약간 해주었으며, 무료한 시간 함께 대화도 나눠주었다. 바로 헝가리에서 만나게 된 나의 첫 번째 유럽 친구와의 기가 막힌 첫 만남이었다.

완벽하게 꼬여버렸던 모든 일들이 순식간에 해결되고, 나는 이 멋진 헝가리 사나이와 건배를 하지 않을 수 없었다. 아마 소주가 살아있었으면 이 멋진 사나이에게 바로 소주를 주었으리라! 함께 건배를 외치며, 나는 기분 좋게 Host를 기다렸다.

약 1시간 후 부다페스트의 Host가 가게에 도착했고, 나는 그와 함께 부서진 가방을 자전거에 나눠 실은 채 그의 집으로 향했다.

집에 도착해서 정신없이 저녁과 맥주를 먹고 고단했던 하루를 마감했다. 되돌아 생각해보면 정말 대단한 하루였다.

2.2. 부다페스트(Budapest), 아름다움에 취하다

2016년 4월 20일(수).
일정 : 헝가리 부다페스트(Budapest)

　조금은 쌀쌀하지만 아주 맑은 날씨 속에 부다페스트(Budapest) 시내 투어를 떠났다. 시내로 나가는 길, 드디어 도나우강[4]과 첫 만남을 가질 수 있었다.

유유히 흐르는 도나우강. 강폭이 생각보다 넓었다.

---

4) 도나우(Donau)강은 독일 남부에서 발원해서 흑해로 흘러드는 길이 2,860km의 강이다. 유럽에서 두 번째로 긴 이 강은 여러 나라를 지나는 만큼 수많은 이름을 가지고 있다. '도나우'라는 이름은 발원지인 독일어권에서 부르는 이름이고, 헝가리 이름은 '두나(Duna)'이다. 흔히 아는 다뉴브(Danube)는 영어식 이름이다. 이 책에서는 도나우강으로 통칭하도록 한다.

부다페스트는 과거 두 지역이었던 도나우강 서편의 부다(Buda) 지역과 동편의 페스트(Pest) 지역이 1873년 통합되어 오늘날의 부다페스트가 된 것이다. 지금은 한 도시이지만 다른 옛 역사를 지니고 있는 만큼, 두 지역은 서로 다른 얼굴을 하고 있었다.

이곳 부다페스트에서 가장 먼저 방문한 곳은 다름 아닌 자전거 가게. 처참하게 부서진 가방을 대체할 새로운 가방을 사야 했기 때문이다. Host의 추천을 받아서 간 자전거 용품점의 이름은 'K2 Bike shop'이었는데, 매우 고급스러우면서도 다양한 물품을 구비하고 있었다. 게다가 생각보다도 훨씬 저렴한 가격까지! 속으로 '자전거를 한국에서 들고 오지 말고 여기서 살 걸 그랬나?' 이 생각까지 했었다.

이 가게에서 생긴 것부터 믿음직스러운 독일제 패니어 가방과 휴대용 가방으로도 사용 가능한 앞쪽 패니어 가방, 물통 등을 샀다. 어제 내가 한 조립이 잘 되었는지 확인도 했다. 나는 내가 나름 잘했다고 생각했는데, 전문가의 손길을 거치고 나니 자전거가 다시 살아나는 느낌이었다.

자전거를 고치고 난 후, 식당에 들렀다. 자전거 가게 사장님께서 근처의 한 식당을 추천해 주셔서 그곳으로 향했다.

이날 먹은 점심. 맥주 500㎖와 함께. 가격은 3,540HUF(약 13,000원)이었다. 정말 푸짐했다.

점심은 정말 맛있었다. 가격도 아주 저렴했다. 정말 미친 듯이 먹은 것 같은데 아직도 고기가 남아있어서 놀랐고, 목젖을 스치듯 지나가는 생맥주의 부드러우면서도 황홀한 그 맛에 또 한 번 놀랐으며, 그렇게 배부르게 먹었음에도 가격이 생각보다 적게 나와서 다시 한 번 놀랐다.

식사 후 부다 왕궁으로 향했다. 도나우강과 페스트 지구가 한눈에 내려다보이는 언덕 위에 자리 잡고 있는 왕궁은 전망이 어마어마했다. '아, 이게 바로 유럽의 풍경이구나!'라는 감탄사가 절로 나왔다.

강 건너 웅장하게 보이는 돔 건물은 부다페스트의 상징, 헝가리의 국회의사당이다.

어떤 커피를 마셔도 고급스러워질 것 같은, 왕궁 한편에 마련된 카페.

왕궁에서는 때마침 피카소 특별전을 하고 있었다. 하지만 갈 길이 바빴던 나는 시원하게 패스.

부다 왕궁은 예로부터 왕의 거처였지만, 왕정이 아닌 공화제를 채택한 현재는 헝가리 국립 미술관과 박물관, 도서관 등으로 사용되고 있다.

그렇게 왕궁 구경을 마치고 내려가려던 찰나, 때마침 왕궁, 정확히는 대통령궁에서 근위병 교대식이 시작되었다! 대통령궁 근위병 교대식은 매시 정각에 하는

부다 왕궁에서 근위병 교대식을 하고 있다.

데, 마침 나가는 시간이 정각이라서 멋진 광경을 직접 볼 수 있었다.

궁에서 내려와서 그 유명하다는 세체니 다리(Széchenyi Lánchid)를 건넜다. 부다 왕궁에서 나오면 바로 보이는 다리가 세체니 다리인데,

차선이 하나씩밖에 없어서 조금 좁게 느껴졌다. 1849년 개통된 이 다리는 부다 지구와 페스트 지구를 이어주는 첫 번째 다리로서 두 지구의 통합에 큰 역할을 했으며, 커다란 사자상이 앞뒤 좌우로 하나씩 총 4마리가 당당하게 자리를 지키고 있다.

세체니 다리와 사자상. 부다페스트는 다리마저 하나의 멋진 예술 작품 그 자체였다.
-Photo by Arpad Harkanyi-

세체니 다리를 건너서 찾아간 곳은 성 이슈트반 대성당(Szent István-bazilika). 부다페스트에서 가장 큰 대성당으로 헝가리의 초대 국왕이자 이 나라에 가톨릭을 들여온 성 이슈트반(975~1038)을 기리기 위해 1851~1906년 건설된 성당으로서, 엥겔스 광장 근처에 위치하고 있다.

성당 구경을 마치고 찾아간 곳은 부다페스트가 자랑하는 또 하나의 볼거리, 바로 영웅 광장(Hösök Tere)이다. 거대한 동상들이 즐비하게 서 있

영웅 광장 중앙에 서 있는 기념비. 아래 앉아 있는 사람들을 보면 이 기념비가 얼마나 큰지 알 수 있다.

는 이 광장은 1896년에 헝가리 건국 1000주년 기념으로 만든 광장이다. 광장을 들어서면 가운데 펜스로 둘러쳐진 큰 밀레니엄 기념비(Millenniumi emlékmű)가 서 있다. 기념비 꼭대기에는 가브리엘 천사상이 있는데, 가브리엘 천사는 헝가리 민족의 수호신이다. 기념비 아래에는 헝가리의 역사적인 위인 14명의 동상이 자리하고 있다. 공원 안쪽으로는 큰 호수와 멋진 건물들, 아름다운 조경들이 펼쳐져 있는데, 많은 시민들이 찾아와 공원 곳곳에서 휴식을 취하는 모습이 꼭 우리나라의 한강시민공원 같은 그런 느낌이었다.

안쪽으로 들어서면 멋진 호수가 있고 그 주위를 여러 성과 성당, 부속 건물들이 둘러싸고 있다.

　이렇게 부다페스트에서의 짧고 굵었던 또 하루가 저물었다. 저녁에는 착하기로 유명한 동유럽의 물가를 직접 체험해 보기 위해 Host의 집에서 멀지 않은 곳에 있는 슈퍼마켓에 가보았다. 그곳에서 맥주 가격을 보는 순간 놀라지 않을 수 없었다. 맥주 한 캔에 우리 돈으로 겨우 천 원 남짓이기 때문이었다. 이렇게 착한 물가라니, 동유럽은 정말 사랑이 넘치는 곳이었다!

　부다페스트는 착한 가격과 친절한 사람들, 멋진 풍경과 역사적인 건물들을 간직한, 내 마음에 쏙 드는 도시였다.
　아직도 나는 유럽 자전거 여행의 출발 지점으로 이 도시를 선택한 것이 정말 신의 한 수였다고 굳게 믿는다.

2.3.
도나우강을 따라서, 옛 영화를 간직한 에스테르곰(Esztergom)

2016년 4월 21일(목).
일정 : 헝가리 부다페스트(Budapest) ~ 에스테르곰(Esztergom)

아침에 일어나서 짐을 꾸리고 Host 가족과 인사를 나눈 후 길을 나섰다. 이날 아침 짐을 꾸리다 작은 소동이 있었으니, 아무리 찾아봐도 여권이 보이지 않는 것이 아닌가!

그래서 꾸렸던 짐을 다 다시 풀고 그렇게 찾아봐도 없어서 절망하려던 찰나, 2일 전 부러져서 버리려던 패니어 가방을 마지막으로 한번 뒤져보는데 거기서 여권이 툭 튀어나왔다. 하마터면 큰일날 뻔했던 것이다. 사실 나는 그냥 출발하려고 했고, Host가 짐을 챙길 때 여권 및 지갑 등 중요 물품들을 다시 한번 체크해 보라고 신신당부를 하였다. 그래서 못 이기는 척 짐 검사를 한 것이었는데, 제일 중요한 여권을 여행 시작과 동시에 잃어버릴 뻔했고 그것을 Host 덕에 찾게 된 것이다. 무엇이든 기본에 충실한 것이 가장 중요한 것임을 이날 아침 뼈저리게 느낄 수 있었다.

여러모로 여행의 시작에 너무나도 큰 도움을 주었던, 잊지 못할 첫 번째 Host 가족의 배웅을 뒤로하고, 두 번째 도시 헝가리 에스테르곰(Esztergom)으로 향했다. Host의 조언대로 휴대폰 지도를 다운 받아서 사용했는데, 'Maps me'라는 이 앱은 나의 자전거 여행 내내 아주 큰 도움을 주었다. 뭐 가끔 엉뚱한 길로 빠지기도 했지만, 크게 걱정할 정도는 아니었다.

이 아이스크림은 뒤쪽의 'GENTRUM'이라는
간판이 그려진 가게에서 사 먹은 것이다.
입 안에서 살살 녹는 게 아주 맛있었다.

에스테르곰으로 가는 길은 가끔 있는 마을을 빼고는 도로가 정말 한적했다. 가는 내내 사람 구경 한번 하는 것이 힘들었으니 말이다. 하지만 색다른 경치 구경에 시간 가는 줄 모르고 페달을 밟다 보니 오후 5시경 목적지 에스테르곰에 도착할 수 있었다.

도착과 동시에 숙소에 들러 짐을 풀고 그날 입은 옷 빨래를 하고 저녁을 먹으러 나왔다. 저녁으로는 맛있는 고기와 맥주를 먹었는데, 어찌나 허겁지겁 많이 먹었는지 종업원이 놀란 눈으로 몇 번을 바라보았다. 자전거를 타고 온종일 달리다 보니 식욕이 배가 된 느낌이었다.

다음 날 아침, 전날 밖에서 살짝 봤던 에스테르곰 대성당(Esztergomi Bazilika)으로 향했다. 뭔 작은 도시에 성당이 왜 이리 크고 화려한가 했더니, 에스테르곰이 헝가리의 옛 수도였다고 한다. 바로 이 대성당에서 서기 1000년에 헝가리의 초대 국왕 이슈트반의 대관식이 거행되었다.

에스테르곰 대성당은 거대한 돔(Dome)이 인상적인 헝가리 최대의 성당이다.

가까이에서 찍은 성당의 정면 사진. 콩알만 하게 보이는 사람과 비교해보면, 이 성당의 어마어마한 크기가 실감난다. 이 성당의 제일 높은 돔의 높이가 107m이다.

제대 뒤의 그림은 [성모 마리아의 승천]이라는 그림인데, 한 장의 캔버스화로는 세계 최대의 크기라고 한다. 이탈리아 화가 그리골레티(Grigoletti)가 1856년 완성한 작품이다.

거대한 성당 외관이 나를 압도했다면, 화려하게 장식된 내부는 나의 마음을 사로잡았다. 역시 유럽의 성당 내부는 곳곳이 미술관이자 역사가 살아 숨 쉬는 박물관이었다.

성당 곳곳에 수놓인 아름다운 그림들.

유럽의 성당이면 빠질 수 없는 파이프 오르간. 그 앞에 있는 인물상은 작아 보이지만 실제 사람만큼 크다.

아침 일찍 성당을 찾아가서 그런지 내부에는 사람이 몇 명 없었다. 그렇게 조용히 성당을 둘러보던 나는 전망대로 가는 길을 발견했고, 700HUF(약 2,600원)를 내고 위쪽으로 걸어 올라가기 시작했다. 그곳에서 바깥 경치를 보고 입을 다물 수 없었는데, 위쪽에서 바라본 경치가 정말 돈이 하나도 아깝지 않을 정도로 아름답고 평화로웠기 때문이다.

에스테르곰 시내 전경. 아침 햇살이 막 떠오르기 시작한 이곳의 풍경은 숨 막힐 듯 아름다웠다.

그렇게 한 걸음 한 걸음 위로 올라가던 나는 마지막 고비에서 성당 꼭대기까지 올라가는 것을 포기했다. 너무 가파르고 높았기 때문이다. 이제 막 시작한 자전거 여행이었기에 다리는 후들후들 떨렸고, 도저히 그 좁고 높은 길을 올라갈 엄두가 나지 않았다. 너무나도 아쉬웠지만, 다음을 기약하며 발걸음을 되돌렸다.

에스테르곰의 광장에 있던 분수대. 쌀쌀한 날씨 탓인지 작동하고 있지는 않았다.

에스테르곰에서 묵었던 숙소는 우리나라의 모텔 정도 되는 숙소였는데, 혼자 머물기에는 너무나도 넓고 좋은 곳이었다. 아침 식사 제공이 되지 않는 것이 아쉬웠지만, 6,300HUF(약 23,300원)밖에 되지 않는 숙박비를 생각한다면 하룻밤 아주 잘 묵었다 간 셈이었다. 넓은 정원과 놀이터, 마음씨 좋은 주인장 할머니는 이 숙소 최고의 옵션이었다.

아이들 데리고 놀러오면 딱 좋은 곳. 에스테르곰의 숙소에 딸린 정원은 5성급 호텔 부럽지 않았다.

에스테르곰과의 짧은 만남을 뒤로하고 향한 곳은 헝가리 북서부에 위치한 도시로 죄르모숀쇼프론 주(Győr-Moson-Sopron megye)의 주도이기도 한 죄르(Győr)이다. 이번 여행 중 헝가리에서의 마지막 도시이기도 했다.

2.4. 봄 향기를 느끼며

2016년 4월 22일(금).
일정 : 헝가리 에스테르곰(Esztergom) ~ 죄르(Győr)

에스테르곰에서 조용하면서도 멋진 하루를 보낸 후, 다음 목적지인 죄르(Győr)로 향했다. 에스테르곰과 죄르는 모두 헝가리의 도시들인데, 여정은 슬로바키아 도로를 따라갔다. 헝가리 쪽 도로는 차도 많고 복잡하지만 슬로바키아 쪽 도로는 차도 많이 없고 경치가 더 좋다는 친구의 조언에 따른 것이었다.

헝가리와 슬로바키아를 잇는 다리.
다리 위쪽에 슬로바키아 국기가 선명하다.
그 옆에는 유럽 연합기가 있는데,
이 깃발의 별의 개수가 12개인 이유는
1993년 유럽 연합 창립 당시
최초 회원국이 12개국이었기 때문이다.

다리에서 바라본 에스테르곰 대성당의 모습.

이 사진을 찍은 이곳은 아직 헝가리 땅이었다. 이 다리만 건너면 슬로바키아 땅인 것이다. 삼면이 바다로 둘러싸여 있고, 위쪽으로는 북한이 버티고 있어서 육로를 통한 자유로운 국경 통과가 너무나도 낯설었던 나는, 이 다리를 건너면서 '내가 진짜 유럽 연합 안에 있구나', '자유가 이렇게 편하고 좋은 거구나' 하는 것을 느낄 수 있었다. 이 다리에는 국경을 통제하는 그 어떤 장애물도 없었기 때문이다. 심지어 국경 검문을 하는 최소한의 인력도 배치되어 있지 않았다. 말 그대로 '자유로운 왕래'가 가능한 곳이었다. 이렇게 열린 국경을 가지고 사는 그들이 너무나도 부러울 따름이었다. 문득 며칠 전 힘겹게 영국 입국 심사를 했던 추억이 떠올랐다.

이날은 다소 바람이 많이 부는 쌀쌀한 날씨였는데, 날씨는 더할 나위 없이 맑고 쾌청했다. 가만 생각해보니 이곳은 황사와 미세 먼지 걱정이 전혀 없는 곳이 아닌가! 달리면서 공기를 마시면 마실수록 몸이 정화되는 느낌이랄까. 가슴속 깊이 깨끗한 공기를 가득 품고 달릴 수 있어서 너무나도 좋았다.

너무나도 한가롭고 평화로운 도로.
비록 혼자 달리고 있었지만 아름다운 경치 덕분에 외롭지 않게 달릴 수 있었다. 맑은 공기는 덤.

끝이 보이지 않는 유채꽃 밭.
코끝을 간질이는 향기로운 유채꽃 향기를 맡으며 달리는 기분은 이루 말할 수 없이 행복했다.

헝가리, 슬로바키아, 오스트리아, 체코, 독일에 이르기까지 도로변에서 가장 많이 본 것은 이 유채꽃이었다. 달리는 내내 나에게로 다가와 행복을 안겨주던 유채꽃의 은은한 향기. 지평선 저 너머까지 펼쳐진 노란 꽃들의 향연.

정말 우리나라였으면 유채꽃 축제를 수백 번도 더 하고도 남을 면적의 유채꽃 밭이었다. 왜 이렇게 유채꽃을 많이 경작하는가 알아봤더니, 유럽에서는 이 유채꽃 기름이 바이오 디젤(Bio Diesel)의 주원료로 쓰이고 있었다. 즉, 관상용이 아닌 것이다. 아쉽지만 이곳에서 유채꽃 축제는 찾아볼 수 없었다.

이날은 여행 중에 많은 친구들도 만났다. 이날 첫 번째 친구는 점심거리를 사기 위해서 들른 슈퍼마켓에서 만난 초등학생들이었다. 학생들은 학교 수업을 마치고 집에 가는 길이었는데, 내가 길을 물으려고 말을 거니깐 호기심이 생겼는지 이것저것 물어보며 나에게 다가왔다. 아마도 그들에게는 내가 처음으로 만난 동양인이었으리라. 그래서 그런지 그들은 더욱 친절하게 열과 성을 다해서 나의 질문에 대답해 주었다. 그들과 대화하면서 느낀 놀라운 점은, 영어 실력이 내가 그들보다 훨씬 나았다는 점이다. 모든 유럽인들이 나보다 영어를 잘할 것이라는 나만의 편견을 그 초등학생들 덕에 단번에 깰 수 있었다. 어떻게 보면 당연한 것이었다. 내가 여행하는 국가들 중에 영국을 빼고 영어가 모국어인 나라가 없었기 때문이다.

점심은 마트에서 맥주 한 캔, 소시지, 초코바, 오렌지 등을 사서 해결했다. 그런데 먹고 나니 오렌지 과즙 때문에 손이 끈적끈적해졌고 손 씻을 곳이 없어서 난감해졌다. 길가에 집들은 많은데 사람은 안 보이고…. 낮 시간의 슬로바키아 주택가는 인적이 뚝 끊겨 있었다. '빨리 손 씻을 곳을 찾아야지'라는 생각 하나만 갖고 그렇게 길을 가다가 어느 집에서 사람들의 목소리가 들리기에 무작정 들어가 보았다.

두 분의 여성분들이 계셨는데, 그분들은 감사하게도 불쑥 찾아온 나를 아주 반갑게 맞이해 주셨다. 참 유쾌하고 밝은 분들이었다. 너무 고맙게도 맛있는 에스프레소 커피와 약간의 다과도 대접받았다!

내가 꿈꾸는 집.
정원을 갖춘 도나우 강가의 그림 같은 주택.

이 집 마당에는 집이 또 하나 있었으니,
바로 나무 위에 놓인 다람쥐 집이었다.

곧고 길게 펼쳐진 자전거 도로.
차량과 오토바이의 통행이 금지된 곳이다.

수풀 사이로 수줍게 모습을 드러내고 있는 도나우강.

    그들과의 즐거운 만남을 뒤로하고, 다시 길을 떠났다. 이후 가는 길은 내내 도나우강과 함께였다. 왼쪽으로는 도나우강이 유유히 흘렀고, 오른쪽으로는 넓은 들판이 끝없이 펼쳐져 있었다. 간간이 보이는 마을에는 몇몇 집들이 모여 있었다. 외롭다고 하면 한없이 외로운 길이었지만, 즐기려고 하면 너무나도 즐겁고 행복한 길이었다. 소리 높여 머릿속에서 흘러나오는 노래를 부르기도 하고, 앞으로의 여행에 대한 갖가지 상상의 나래를 펼치며 나는 달려 나갔다.

아무 걱정 없이 즐겁게 달리던 이날, 뜻하지 않은 복병이 찾아왔다. 그것은 바로 극심한 배고픔. 점심을 대충 먹기는 먹었는데, 나의 커다란 배를 채우기에는 역부족이었던 모양이다. 식사 이후에도, 그 맛있는 커피와 쿠키를 대접받은 이후에도, 달리는 내내 '뭐 먹을 거 좀 없을까' 이 생각이 머릿속을 떠나지 않았다.

결국 나는 본능에 굴복하고 말았다. 길 건너편에 있는 햄버거 가게를 발견했는데, 정신을 차리기도 전에 나는 이미 가게 안으로 들어가고 있었고, 정신을 차렸을 때는 이미 계산을 하고 난 이후였다.

햄버거 가게. 슬로바키아는 유로화를 쓰고 있기 때문에, 이곳에서 처음으로 유로화를 사용할 수 있었다.   햄버거에는 역시 맥주 한 잔! 동유럽에서 맥주 한 잔은 사랑이다.

햄버거를 먹고 나니 힘이 샘솟았다. 그렇게 얼마나 달렸을까, 한 철도 건널목에 차단기가 내려와서 멈춰 섰다. 화물 열차가 지나갔는데, 이곳의 화물 열차는 길이가 아주 상당했다. 체감 시간으로는 한 5분 정도 기차가 지나간 것 같았다.

열차의 시작.
진짜 이 부분은 시작에 불과했다.

한참을 기다렸는데도
끝없이 이어진 기차 행렬.

그렇게 길고 긴 열차를 떠나보내고, 나는 다시 페달을 굴리기 시작했다. 이날 여정은 큰 사고 없이 잘 이어지고 있었는데, 막판에 지도를 잘못 봤는지 아니면 지도가 나에게 운동을 더 하라고 그러는 건지, 엉뚱한 길로 안내하는 바람에 한참을 돌아서 목적지에 도착했다. 하지만 덕분에 멋진 모습을 볼 수 있었으니, 바로 석양이 저무는 저녁 즈음 도나우강의 모습이었다.

이 사진을 찍고 시간이 가는 줄도 모르고 한참 동안이나 해가 지는 강을 바라보았다.
자전거 여행은 바로 이 맛이지.

해가 거의 다 질 때쯤 되어 도착한 목적지 죄르(Győr). 이곳에서도 부다페스트와 마찬가지로 어느 Host의 집에서 머물렀는데, 집주인이 고맙게도 내가 있는 곳까지 차를 몰고 와서 집에까지 안내해 주었다.

깔끔하고 잘 정리된 Host의 집에서 맛있는 저녁을 얻어먹고 씻고 휴식을 취했다. 여기서 처음으로 소파-침대를 보았는데, 여행 중 묵었던 수많은 집에서 바로 이 같은 소파-침대를 구비하고 있었다. 넓지 않은 집에서 공간을 효과적으로 사용하고 손님을 맞이하는 데 아주 유용한 것 같았다. 생각보다 불편하지도 않았고, 아주 편안하고 안락했다. 자전거 여행으로 피곤해서 그랬을 수도 있지만, 눕자마자 잠에 빠져들어 버렸다.

2.5. 죄르(Győr), 소박한 아름다움을 담은 그곳.

2016년 4월 23일(토).
일정 : 헝가리 죄르(Győr)

깔끔한 집에서 아주 푹 잤던 나는, 다음 날 아침 상큼하게 일어나서 죄르 시내 구경을 나왔다. 헝가리 북서부에 위치한 죄르(Győr)는 지정학적으로 도나우강과 접하고 있고, 헝가리의 수도인 부다페스트와는 80km, 오스트리아의 수도인 빈과는 123km 거리에 있어서 두 도시의 중간쯤에 위치해 있기 때문에 교통의 중심지 역할을 하기도 한다.

이곳에서 나는 일일 가이드 친구를 만나서 오전에 시내 구경을 했다.

죄르의 중앙 광장은 전형적인 유럽의 광장의 모습을 보여주고 있었다. 광장에서 가장 잘 보이는 중앙부에는 커다란 성당이 자리하고 있었고, 광장 한쪽에는 높은 탑이 서 있었다. 이곳 죄르의 광장을 둘러싸고 있는 건물들은 튀는 건물 하나 없이 광장을 감싸면서 모두 조화를 이루고 있었다.

죄르시 중앙 광장에 위치한 이 탑.
거의 모든 유럽의 중앙 광장에는 성당과 탑이 하나씩은 있었다. 오늘날에는 관광객들 덕분에 광장 주변에 카페가 늘어서 있는 곳도 많다.

중앙 광장에 있는 성당. 수도원 성당인데, 담백한 겉모습과는 달리 내부는 매우 화려했다.

성당의 설교대

죄르 시내는 매우 조용하고 평화로웠다. 많은 관광객들로 북적이던 대도시 부다페스트와는 달리, 이곳은 소박하면서도 잘 정돈된 느낌이었다. 나는 너무 큰 대도시들보다는 이런 분위기가 더 좋았다. 한국에서도 서울, 부산 등 광역시보다는 지방 중·소도시를 더 좋아했다. 대도시는 뭐랄까, 화려하지만 좀 삭막한 느낌을 많이 받았었는데, 지방 중·소도시에서는 아직 정을 느낄 수 있는 곳도 많고 느림의 미학이 통하는 곳이 많기 때문이다.

죄르는 걸어서 돌아다니기에 안성맞춤이었다. 바쁘게 다니는 사람 하나 없는 조용한 도시였다. 길을 걷다 다다른 강가에서는 사람들이 조정 연습을 하고 있었고, 거리의 사람들의 표정에서는 여유가 흘러넘치는 듯했다.

유럽의 감성을 가득 담은 꽃집의 너무나도 예쁜 인테리어.

길을 걷다가 가이드의 친구도 만났는데, 그녀의 친구는 엄청나게 큰 대형견과 산책 중이었다. 그 거대한 크기에 흠칫 놀란 나는 뒤로 한 발

물러날 수밖에 없었다. 우리나라에서는 좀처럼 보기 힘든 큰 개였기 때문에 익숙하지 않아서 그런지 몰라도 좀처럼 다가가기 힘들었다. 하지만 친구는 매우 익숙한 듯 개를 쓰다듬으며 이야기를 나누기 시작했다.

한가로운 하루를 보내는 이들의 모습.

길에서 마주친 가이드의 친구.
그녀는 거대한 대형견과 산책 중이었다.

이어서 찾아간 곳은 죄르의 시청이다. 유럽은 혹독한 세계 대전을 두 차례나 겪었음에도 옛 건물을 많이 복원해서 사용하는 듯 했다. 덕분에 관공서 역시도 오랜 멋을 자랑하는 건물들이 많이 보였다.

죄르의 시청 건물 역시 빼어난 멋을 자랑하고 있었는데, 아름다운 튤립이 이 건물의 매력을 더욱 빛나게 해주고 있었다.

죄르 시청 건물.

친구와 함께 종일 걸으면서 시티 투어를 하니 목이 말라서 함께 호프집에 들러 맥주 한잔을 마셨다. 우리나라에서는 편의점에서 맥주 한 캔을 마시더라도 과자 한 봉지를 함께 사는 경우가 많은데, 이곳에서는 호프집에서도 다른 안주 하나 시키지 않고 맥주만 마시는 것이 일상화되어 있었다. 맥주만 그냥 먹으려니 뭔가 허전하긴 했지만, 새우 과자나 뻥튀기가 이곳에 있을 리 없으니 그냥 마시기로 했다.

오후에는 스파(Spa)에 들렀다. 가격은 2,700HUF(약 10,000원). 며칠 동안 자전거를 탔더니 근육이 여기저기 뭉쳐서 사우나 생각이 간절했는데, 가이드 친구에게 물어보니 여기에 좋은 시설이 갖춰진 곳이 있다고 소개를 해주었다. 그녀가 비싸지만 돈값 할 거라고 했는데, 확실히 '제대로 된' 시설을 갖추고 있었다.

스파 준비물은 물에 젖어도 되는 실내화, 수건, 수영복, 수영모인데 없으면 대여도 가능했다. 이런 준비물이 필요한 이유는 스파 안에 우리나라 실내 수영장처럼 넓은 풀장이 있어서 수영도 할 수 있고, 수압을 이용한 마사지도 즐길 수 있으며, 사우나도 할 수 있는데, 이 모두를 남녀가 함께 사용하기 때문이다. 오직 탈의실만 남녀가 분리되어 있었다. 이곳은 가족 단위 이용객도 많았고, 친구와 함께 온 사람들, 연인들도 많이 눈에 띄었다. 혼자 온 사람은 눈을 씻고 찾아봐도 오직 나 하나뿐.

그렇게 스파에서 지난 며칠간 쌓였던 피로를 싹 풀고 나서 저녁을 먹

으러 갔다. 친구와 함께 저녁을 먹으러 들른 곳은 도나우강 강변에 자리한 선상 레스토랑. 식당 바깥에는 음식 사진과 함께 음식에 들어간 재료, 가격 등이 상세하게 적힌 메뉴표가 준비되어 있었다. 우리는 밖에서 무엇을 먹을지 미리 정한 후 안으로 들어왔다. 주말 저녁이라 그런지 식당 안은 빈자리를 찾기 힘들 정도로 사람들로 북적였다.

이 여행을 시작할 때 하나 다짐했던 것이 뭐냐 하면, 바로 '먹는 데는 아끼지 말자!'는 것이었다. 눈으로 보는 것은 사진으로 남길 수 있고 현지 물건이라면 인터넷으로 어떻게든 구하다 보면 구해지겠지만, 음식만큼은 현지가 아니라면 제대로 된 맛을 즐기기가 힘들기에 먹는 데는 아끼지 말고 투자하리라 마음먹었다.

그리고 바로 이곳에서 기가 막힌 요리를 하나 맛보게 되었다.

역시 시원한 맥주 한잔. 그렇다. 럽에서는 매일, 매 식사 때마다 맥주 한 잔씩 마셔야 한다. 것이 바로 유럽 여행의 법도이다.

너무나도 부드럽게 요리된 돼지 족발과 감자 3개.

친구의 메뉴. 돈가스를 닮은 요리에 밥, 감자튀김이 곁들여 있었다.

친구와 함께 서로의 삶에 대해서 손짓 발짓 섞어가며 단어장까지 총동원해서 대화를 나누다 보니 어느새 요리가 등장했다. 레스토랑 자체가 고급 레스토랑이고 요리 역시도 이곳에서는 고가의 요리였음에도 두 요리 전부와 맥주, 기타 음료값 모두 합쳐서 8,525HUF(약 31,500원)이 나왔다.

평소 엄청나게 식성이 좋은 편인데도 불구하고, 저 요리를 다 먹고 나니 배가 엄청 불러 왔다. 동유럽의 물가를 감안하면 제법 높은 가격이었지만, 굉장히 만족했던 저녁 식사였다. 음식의 질도 좋았을 뿐만 아니라, 맥주가 진짜 너무나도 맛있었기 때문이다!

그렇게 저녁 식사를 마치고 너무나도 빠르게 지나갔던 죄르 투어를 마감했다. 그녀와 작별 인사는 양쪽 볼을 맞대고 뽀뽀하듯 쪽 소리를 내는 프랑스식 인사인 비쥬(bisous)로 했다. 부다페스트에서는 작별 인사를 나눌 때, 내가 고개를 숙여 인사를 나눈 후 다시 포옹을 하는 인사를 했었다. 그들의 작별은 포옹이었고, 나의 작별은 고개를 숙이는 인사였는데, 아직 그들의 인사법에 적응하기 전이었기에 나도 모르게 한국의 인사법이 나와버렸었다.

이곳에서 그녀 덕분에 난생처음 비쥬를 해보았는데, 내가 무의식적으로 버릇처럼 고개를 숙여 인사를 하려던 찰나 갑자기 글로리아가 내 쪽으로 훅 들어왔다. 도통 익숙하지 않은 인사라 그런지, 비쥬를 하고 난 이후에도 뭔가 인사를 더 해야만 할 것 같았다. 그녀의 인사는 끝났을지 몰라도 나의 인사는 아직 시작도 못했기 때문에, 뭔가 찜찜함이 계속 남아서 나를 뒤흔들었다. 결국 나는 인사를 끝내고 돌아가는 그녀를 향해

뒤에서 고개를 숙이며 인사를 했다. 그제야 진짜 헤어진 것 같았다.

마지막 남은 헝가리 화폐. 헝가리는 유럽 연합 가입국이지만 화폐는 포린트라고 하는 자국 내 통화를 사용하기 때문에 이 돈을 쓰는 것도 이날 밤이 마지막이었다.

그렇게 그녀와 헤어지고 나서 나는 호텔 방으로 올라왔다. 어제 머물렀던 집의 Host가 부다페스트 출장이 있어서, 헝가리에서의 마지막 밤은 호텔에서 보내게 된 것이다.

다음 날은 드디어 국경을 넘는 날. 영국, 헝가리에 이은 세 번째 국가, 슬로바키아의 수도 브라티슬라바가 목적지였다.

슬로바키아에서 멋진 사람들과 좋은 추억을 이미 만들었기 때문에 그곳으로의 여행이 더욱 기대가 되었다.

3.
슬로바키아

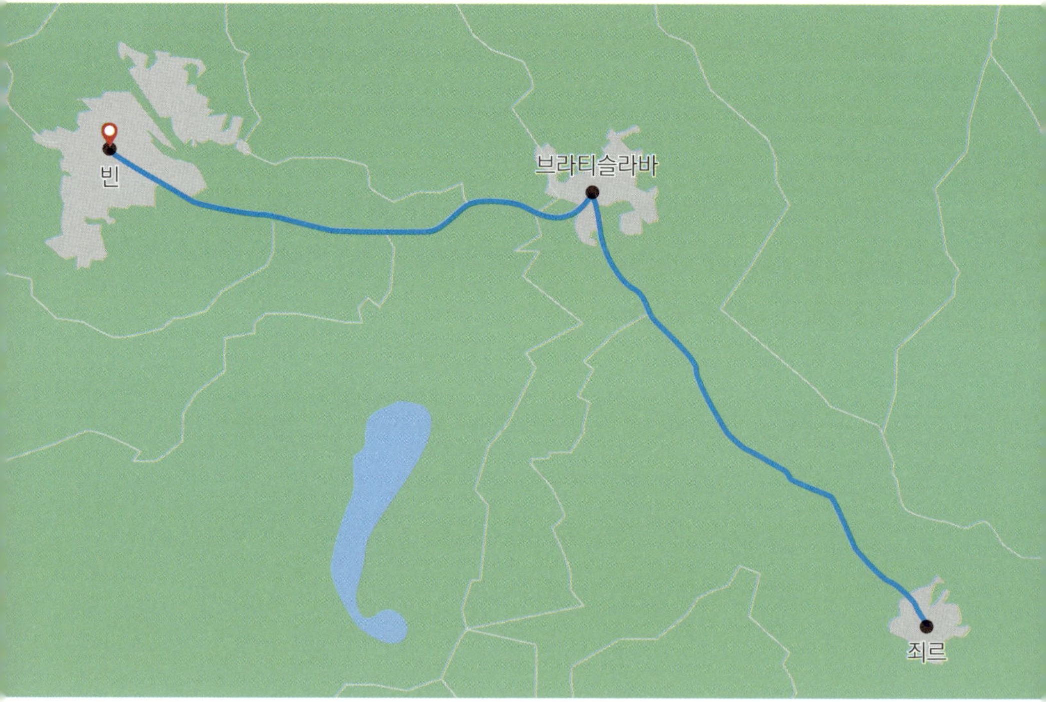

일정 : 헝가리 죄르(Györ)~슬로바키아 브라티슬라바(Bratislava)~오스트리아 빈(Vien)

3.1. 미지의 나라, 슬로바키아로

2016년 4월 24일(일).
일정 : 헝가리 죄르(Gyôr) ~ 슬로바키아 브라티슬라바(Bratislava)

상큼한 일요일 오전, 헝가리 죄르에서 슬로바키아의 수도 브라티슬라바를 향해 자전거 페달을 굴리기 시작했다.

이날은 4월 말이었는데도 불구하고 미친 듯이 추웠다. 봄 날씨를 예상하고 두꺼운 옷을 챙겨가지 않았던 나는, 바람막이 점퍼 하나에 의지한 채 길을 떠났다. 무지막지하게 추운 날씨에 바람마저 거세게 불었다. 이 날은 정말 추위와의 전쟁이었다.

헝가리와 슬로바키아의 국경 검문소. 지금은 그냥 건물만 덩그러니 놓여 있다.

저 희미한 흰색 선이 두 나라의 국경선이다. 희미하게 남은 STOP 글자가 자유로이 왕래하는 두 나라를 대변해 준다.

여기부턴 슬로바키아. 자유로이 오가는 사이더라도 내 땅임을 인증하는 국가 표시는 빠지지 않고 잘 해두었다.

이날 드디어 만난 자전거 전용 도로가 있으니, 유럽 전역을 잇고 있는 Euro Velo(유로 벨로)가 그것이다. 이날 달린 길은 'Euro Velo 6'이었다.

이 길이 Euro Velo 6임을 알려주는 표지판이다. 유럽 연합기 안에 '6'이라는 숫자가 선명하다.

　유럽 국가들은 유럽 전역을 연결해주는 자전거 길을 1990년대부터 개발하기 시작해서 Euro Velo라는 이름을 붙였다. 'Velo'는 프랑스어로 '자전거'라는 뜻인데, 이 도로가 처음 만들어진 것이 바로 프랑스라서 이런 이름이 붙었다. 지금은 이 Euro Velo 자전거 길을 따라서 유럽 전역을 돌아볼 수 있다.

도나우강-자전거 도로-유채꽃 밭이 각자의 경계를 따라서 끝없이 이어져 있다.

거친 바람에도 유유히 강을 지나는 유람선.
추운 날씨 탓인지 유람선 밖에
나와 있는 사람은 한 명도 없었다.

이날 자전거 길은 날씨만 좋았다면 아주 편하고 좋은 길이었을 것이다. 잘 포장된 직선 구간이 10km도 넘게 조성되어 있었고, 한쪽에는 도나우강, 다른 한쪽에는 넓게 펼쳐진 유채꽃 밭을 따라가는 길이었기 때문이다. 하지만 날씨가 문제였다. 이날 기온이 엄청나게 낮았던 데다가, 바람까지 거세게 불어 닥치는 바람에 체감 온도는 영하까지 내려갔다. 가지고 갔던 옷을 최대한 겹겹이 껴입었지만, 손이 문제였다. 이런 추운 날씨를 예상하지 못하고 자전거를 탈 때 쓸 반장갑 하나만 갖고 갔었기 때문에, 추위에 그대로 노출된 손가락 끝부분은 속수무책이었다.

쌀쌀한 일요일, 사람 하나 없는 뻥 뚫린 도로. 주위에 바람을 막아주는 것은 아무것도 없었다. 매서운 강바람이 계속 불어닥쳤기에 가다 서다를 반복하며 입김으로 얼어붙은 손끝을 계속해서 녹였다. 인적 없는 도로인데다가 곧게 뻗은 길이라 브레이크를 잡을 일도 없었지만, 워낙 추웠던 탓에 핸들을 잡는 것 자체가 힘들었다. 거센 바람 때문에 앞으로 나아가는 것 역시 많이 힘들었다.

간간이 세워져 있는 쉼터. 이곳은 지붕도 있고 한쪽 벽이 막혀 있어서 잠시 바람과 추위를 피할 수 있었다.

다 낡아서 글자도 알아보기 힘든 자전거 도로 표지판. 흐릿한 글씨 사이로 브라티슬라바까지 14km밖에 남지 않았다는 표시를 알아본 순간, 힘이 불끈 솟는 것을 느꼈다.

그야말로 추위와의 싸움. 따뜻한 커피나 차 한 잔이 간절히 그리웠지만, 이런 허허벌판에 그런 것이 있을 리 만무했다. 머릿속에는 '얼른 도착해서 따뜻한 물에 샤워 한번 해야겠다' 생각뿐, 잡념이 끼어들 틈이 없었다.

추위와 싸우며 달리다보니 어느덧 슬로바키아(Sovakia)의 수도 브라티슬라바(Bratislava)에 가까워졌다. 너른 들판 옆으로는 한가로이 일요일 오후를 즐기는 한 가족이 보였는데, 어찌나 들판이 넓은지 사람이 콩알만 하게 보였다.

자연에서 즐기는 일상의 여유.
산으로 막히는 부분 없이 끝없이 이어지는 지평선이 조금씩 익숙해지기 시작했다.

사실 산으로 막힌 지형이 너무나도 익숙했던 내게, 이렇게 끝없이 펼쳐진 지평선을 바라보는 것이 너무나도 낯설었다. 너른 들판을 달리는 것은 한국에서는 쉽게 맛볼 수 없는 체험인데, 이런 들판을 달리고 있으니 외국에 있는 것이 실감이 났다.

조금씩 모습을 드러내는 슬로바키아의 수도 브라티슬라바. 낡은 화물 열차가 조용히 멈춰서 있다.

커다란 다리 아래쪽에 나 있는 자전거 도로. 자전거 도로 인프라는 정말 최강이었다.

그렇게 긴 시간을 달려 브라티슬라바에 도착했다. 이곳의 첫인상은 뭔가 굉장히 조용하고 오래된, 모든 것이 정지되어 있는 듯한 그런 느낌이었다.

3.2.
너무나도 평온하고 순박했던 그곳, 브라티슬라바(Bratislava)

2016년 4월 25일(월).
일정 : 슬로바키아 브라티슬라바(Bratislava) ~ 오스트리아 빈(Wien)

슬로바키아의 수도인 브라티슬라바는 헝가리 죄르와 오스트리아 빈의 중간 지점에 위치해 있는데, 수도임에도 불구하고 국경에 굉장히 가까이 붙어 있다.

브라티슬라바는 과거 16세기~18세기 사이 약 300년 가까이 헝가리 제국의 수도이기도 했고, 체코슬로바키아 시절에는 슬로바키아 주의 주도(州都)이기도 했다. 이렇듯 화려했던 이곳의 역사를 돌아보니 슬로바키아 독립 후 오스트리아, 헝가리와 국경이 맞닿아 있는 이곳을 굳이 수도로 삼은 것이 이해가 되었다. 우리나라의 수도 서울과 북한의 수도 평양이 서로 휴전선에서 그리 멀지 않은 것처럼 말이다.

이날 일정은 원래 아침 일찍 자전거를 타고 오스트리아 빈으로 가는 것이었지만, 일정을 조금 바꿔서 이날 하루 브라티슬라바 시내를 구경하고 오후에 기차를 타고 오스트리아로 가기로 결정했다. 이런 멋진 도시를 그냥 지나칠 수 없었기 때문이다.

아파트에서 찍은 풍경 사진.
풍경만 보면 시 외곽 지역 같지만,
이곳은 슬로바키아의 수도
브라티슬라바의 아파트촌이다.

월요일 아침 Host의 집을 나선 나는 브라티슬라바 구시가지로 향했다. Host가 출근 길에 조금 일찍 나와서 버스 티켓을 끊는 법을 알려주었고, 승하차 방법과 하차할 정거장도 알려주었다.

난생처음 기다란 굴절 버스를 탔는데, 깔끔한 실내에 놀랐고, 부드러운 승차감에 또 한 번 놀랐다. 알고 봤더니 벤츠 버스였다.

굴절 버스 내부. 여긴 버스의 중간 정도 되는 지점이다. 실내가 아주 깔끔했다.

레일을 따라가는 전차. 위로 전기선과 연결되었다. 버스에 비해 상대적으로 낡은 모습이었다.

제일 먼저 찾아간 곳은 성 마틴 대성당(St. Martina Katedrala). 한 나라의 중심은 수도, 유럽에서 그 수도의 중심은 대성당인 경우가 종종 있는데, 이곳은 크고 화려하다기보다는 소박한 느낌이었다.

성당 안으로 들어갔더니 때마침 월요일 오전 미사를 하고 있었다. 미사에 참석한 인원은 30명도 채 되지 않는 듯 보였다. 슬로바키아어는 물론 하나도 알아들을 수 없었지만, 천주교 전례의 통일성 덕분에 나는 큰 어려움 없이 미사를 드릴 수 있었다. 나는 미사가 끝난 후 성당을 천천히 둘러보기 시작했다.

헝가리에서 봐왔던 성당들에 비해서는 조금 절제된 듯한 모습이었다. 하지만 제대와 소제대들, 성상과 성화들이 성당 안에서 서로 조화를 이루며 아름다움을 뽐내고 있었다.

유럽의 성당에 들렀을 때 그 성당이 보수 공사를 하지 않는다면 당신은 행운아. 거의 99% 이상의 성당들이 조금씩이라도 공사를 하고 있었기 때문이다.

성당 내부 제대 쪽의 모습. 미사가 끝난 지 얼마 되지 않아서 아직 촛불이 켜져 있다.

성당에 있던 또 다른 소제대와 성상, 성화.

대성당의 모형. 유럽의 다른 대성당들에 비해서 많이 수수해 보인다.

성당 구경을 끝내고 나와서 어딜 갈까 하며 거리를 걷다가 우연히 중국 음식점을 발견했다. 전 세계에 없는 곳이 없다는 중국 음식점과 화교들이 대단하게 느껴지고 동양의 음식점이 반갑기도 했지만, 한편으로는 음식 한류, 문화 한류는 언제쯤 이곳에 올 수 있을까 하는 생각도 들게 만들었다. 만약 브라티슬라바에 삼겹살집을 차리면, 손님이 올까?

세계 속의 작은 중국. 중국 음식점이다.
빨간 간판 속 한자가 괜히 반가우면서도, 도시 어디에도 한글이 없음에 조금은 아쉬웠다.

다음 행선지는 브라티슬라바 성(Bratislava Hrad). 대성당에서 도보로 불과 10여 분 거리에 위치해 있었다. 성은 언덕의 제일 꼭대기 전망 좋은 곳에 위치해 있었는데, 올라갈수록 경사가 심했지만 성을 구경할 생각에 가볍게 발걸음을 옮겼다.

성의 입구에 있는 간판.
성을 슬로바키아어로 'Hrad'라고 한다.

성은 네모반듯하게 생겼다.
건물을 장식하는 그 어떤 조각이나 그림도
찾아볼 수 없었다. 정말 담백하고 깔끔했다.

성에서 내려다본 브라티슬라바 신시가지 전경.
강 너머는 신시가지, 성이 있는 이쪽은 구시가지이다. 관광지는 모두 구시가지 쪽에 있다.

그런데 성에 도착했을 때 뭔가 싸한 기운이 감돌았다. 관광객이 아무도 없는 것이다! 아무리 월요일이라고 해도, 한 나라의 수도를 대표하는 성이 이렇게 조용하고 아무도 없을 리가 없을 텐데, 이곳은 이상하리만치 조용했다. 나는 곧 그 이유를 알 수 있었다. 매주 월요일은 이 성의 휴관일이었던 것이다.

성의 내부는 현재 박물관으로 활용되고 있는데, 이 성의 거대한 마당에는 나, 그리고 나처럼 휴관일인지 모르고 올라온 어느 가족뿐이었다. 우리는 서로를 위로하며 서로 사진을 찍어주고 아쉬운 발걸음을 돌려야 했다. 나중에 Host에게 물어보니, 브라티슬라바는 월요일에 대부분의 관광지가 문을 닫는다고 하였다. 동유럽 다른 국가들의 관광지들 역시도 월요일에 휴관하는 일이 많다는 이야기를 들은 나는, 월요일은 관광보다는 이동하는 날로 삼자고 굳게 다짐했다.

아쉬운 마음에 발걸음이 떨어지지 않아서 성 입구에 있던 기념품 가게로 들어갔는데, 기념품들이 하나같이 예쁘고 아름다워서 그나마 쓰린 마음을 달랠 수 있었다.

슬로바키아의 전통 복장을 한 인형. 이 외에도 다양한 기념품을 팔고 있었다.

그렇게 조금은 아쉬운 브리티슬라바 성 구경을 마치고 다시 구시가지로 내려왔다. 제일 먼저 나의 시선을 사로잡은 것은 낡고 좁은 골목길로 걸어가는 이들의 뒷모습이었다.

오래된 돌길을 그만큼 오래된 듯한 옷을 입고 길을 가는 수도사들.

대로변에서는 너무나도 늘씬하게 잘빠진 개도 한 마리 만났는데, 지금껏 봐왔던 그 어느 개보다도 잘빠진 녀석이었다.

모델의 포스를 물씬 풍기는 개 한 마리.

브라티슬라바 구시가지 관광의 또 다른 재미는 바로 여기저기 설치되어 있는 재미난 모습의 동상들 구경이다. 관광 안내도에는 잘 나와 있지 않았지만, 사람들에게 물어보니 다들 친절하게 알려주었다.

동상을 찾는 것은 브라티슬라바의 중앙 광장(Hlavné námestie)에서 시작하는 것이 좋다. 이곳에 바로 나폴레옹 동상이 있고, 분수대에서 왼쪽으로 꺾으면 모자 씌워주는 동상이 있기 때문이다. 그 골목 끝으로 나가면 추밀(Cumil)과 만날 수 있다.

모자를 깊게 눌러쓴 나폴레옹 동상(Napoleonský vojak).

세계에서 가장 유명한 동상 중 하나인 추밀(Cumil). 뜻은 '훔쳐보는 사람'이라고 한다.
별다른 설명도 없이 그냥 길 구석에 저렇게 놓여 있지만, 엄청난 인기를 구가하는 동상이다.
평소에는 사람들이 여기 사진을 찍으려고 줄을 서서 기다린다고 하던데,
이날은 월요일이라 사람이 별로 없었다.

이어서 찾아간 곳은 블루 성당(성 엘리자베스 성당, Kostol svätej Alžbety). 뭔가 이름에서 딱 꽂히는 무언가가 있어서 그곳으로 향했다. 이 블루 성당으로 가는 길은 한적하고 조용했는데, 구도심 중심에서 약간 떨어진 곳에 있는 이 성당은 인적 자체가 드문 곳에 위치해 있었다.

블루 성당으로 가는 길. 이 사진을 찍은 시간은 월요일 오후 시간이다. 거리에 인적이 정말 드물었다.

방치된 건물 아래 반짝반짝한 차량들이 조금은 비현실적으로 느껴졌다. 이곳에서도 우리나라 차를 심심치 않게 만날 수 있었다.

이렇게 후미진 곳에 과연 무엇이 있을까 조금 걱정도 되었는데, 마침내 도착한 블루 성당의 화려한 모습은 나의 이런 걱정을 단숨에 없애 주기에 충분했다.

이곳이 바로 블루 성당. 만화에서 방금 나온 듯한 비주얼이다.

이 성당은 바깥도, 내부도 모두 파란색으로 도배되어 있었다. 정말 깨물어주고 싶을 정도로 아름다운 성당이었다.

혹시나 브라티슬라바에 들르게 되면 이곳은 절대 놓치지 말길 바란다. 절대 후회하지 않을 것이다. 이곳을 방문하는 이라면 누구나 이 성당이 주는 묘한 매력에 빠지지 않을 수 없을 테니까.

참, 브라티슬라바 성처럼 이 성당 역시도 문이 굳게 닫혀 있었다. 월요일의 브라티슬라바는 그렇게 많은 곳이 잠들어 있었다.

블루 성당까지 둘러보고 조금 늦은 점심을 먹으러 식당으로 향했다. Host가 꼭 가보라고 추천해준 식당이었는데, 식사 시간이 지나서 그런지 식당 내부에는 손님이 거의 없었다.

점심을 먹으러 들른 레스토랑. 입구부터 범상치 않은 포스를 풍긴다.

내부는 매우 큰 공연장 같은 구조로 되어 있었는데, 인테리어를 보아하니 예전에는 다른 용도로 쓰이다가 최근에 식당으로 변경한 듯 보였다.

이 식당에서 맥주 한 잔과 함께 음식을 하나 사 먹었다. 고기가 듬뿍 들어간 요리였는데, 역시 맥주도 요리도 맛이 최고였다.

그런데 이곳의 백미는 다른 곳에 있었으니, 바로 식당을 나오다가 마주친 벽에 걸린 티셔츠였다. 티셔츠를 보는 순간 브라티슬라바라는 도시명을 개그로 승화시킨 그들의 아이디어에 박수를 보낼 수밖에 없었다.

밥을 먹고 나오니 멀리 브라티슬라바 성이 보였다. 그 모습을 바라보고 있으니 마치 중세의 어느 도시에 뚝 떨어진 듯한 느낌을 받았다. 조금은 흐린 날씨와 드문 인적도 그런 분위기를 더 살려주었다.

식당을 나서다가 이 티셔츠를 보고 한참을 웃었다. Bra-Tislava. 10€(약 13,000원)라는 가격이 충분히 매력적이긴 했으나, 도저히 입고 다닐 용기가 나지 않아서 사지는 않고 그냥 추억으로 남기기로 했다.

밥을 먹고 나와서 찍은 거리 사진. 멀리 언덕 위로 브라티슬라바 성이 보인다.

이어서 찾아간 곳은 이 도시를 대표하는 또 하나의 랜드마크, 성 미카엘 문(Michalská Brána)이다. 성 미카엘 문은 브라티슬라바의 구시가지를 둘러싸고 있는 여러 성문들 중에 하나였는데, 다른 문들은 모두 화재로 소실되었고, 지금은 미카엘 문만이 남았다고 한다. 아쉽게도 이곳 역시 굳게 닫혀 있어서 안으로 들어가지는 못했다.

골목 저편 우뚝 서 있는 성 미카엘 문의 모습.

미카엘 문 아래에는 이렇게 원형으로 생긴 방위표가 있는데,
세계 각 주요 도시들과의 거리가 적혀 있다.
서울과의 거리는 8,138km. 나중에 통일되면 자전거로 서울에서 여기까지 한번 도전해 봐야겠다.

이 도시를 걸으면서 느낀 것은, 참으로 한적하고 평안한 도시라는 것이다. 그 누구 하나 바삐 움직이는 사람 없이 흘러가는 도시, 누군가에게 다가가면 다가갈수록 한없이 친절한 도시였다.

이 도시를 떠나기 전, 나는 다시 중앙 광장으로 되돌아왔다. 광장 한 쪽의 나폴레옹 동상에는 여전히 사람들이 사진을 찍고 있었고, 다소 쌀쌀한 날씨 탓에 카페의 야외 테이블은 아직도 텅 비어 있었다. 조용하고 평온했던 그 곳, 브라티슬라바와의 마지막 첫 만남처럼 그렇게 평화로운 풍경 속에서 조용하게 끝이 났다.

광장 어느 카페의 모습. 텅 빈 의자들 뒤로
사람들이 발걸음을 옮기고 있다.

광장의 조각상에는 막시밀리안 분수(Maximiliánova fontána)가 설치되어 있다.
이 도시의 느낌처럼 강한 물줄기가 아닌 작은 물줄기가 흐르고 있었다.

'쉼'이라는 단어가 딱 어울리는 슬로바키아의 수도 브라티슬라바 여행이 끝이 났다. 나는 오스트리아의 수도 빈(Wien)까지 기차를 타고 가기로 했는데 전날 너무 추위에 떨었었고, 이날 날씨도 그렇게 따뜻하지는 않았었기 때문이다.

그래서 이곳 Host가 추천해준 대로 기차를 타고 가기로 했다. 그는 일찍 퇴근해서 나를 기차역까지 배웅해주고, 열차표 사는 것도 도와주었다.
열차표는 예상보다 굉장히 저렴했는데, 단돈 14€(약 18,000원)였다. 이 가격은 자전거 운송료가 포함된 가격인데, 유럽에서는 버스건 기차건 간에 자전거는 따로 운임을 받았다.

자전거를 싣는 칸이 따로 있었다. 사람이 많을 때는 좌석으로도 사용할 수 있도록 의자가 마련되어 있었는데, 과연 그럴 필요가 있을까 싶을 정도로 열차 안은 텅텅 비어 있었다.

너무나도 정형화된 우리나라의 열차 내부와 비교되는 객실 안 풍경. 2층 열차인 데다가 앞으로 또 옆으로 곳곳에 만들어진 의자들을 보며 그저 신기해했던 이유는, 이런 모습의 열차를 처음 봤기 때문이었다.

열차 안에서 마신 맥주. 이곳 Host가 가는 동안 심심하면 마시라고 건네주었던 이 캔맥주는, 사나이의 마음을 뒤흔드는 바로 그런 한잔이었다.

4.
오스트리아

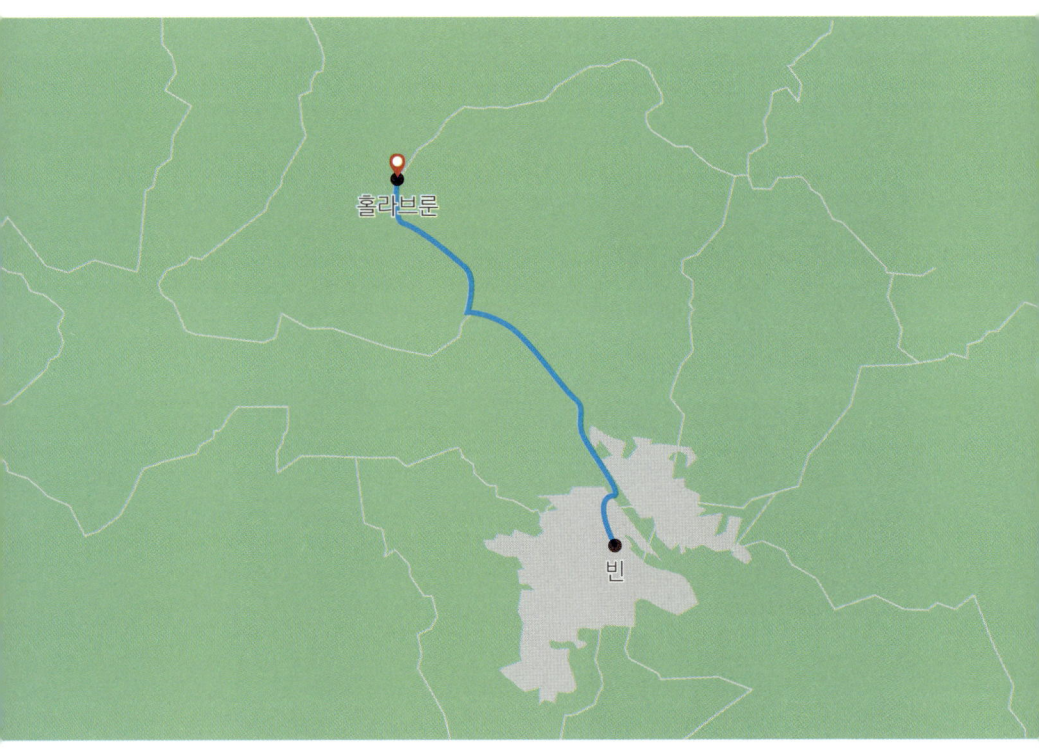

일정 : 빈(Wien)~홀라브룬(Hollabrunn)

4.1. 화려함과 만나다! 빈(Wien)

2016년 4월 25일(월).
일정 : 슬로바키아 브라티슬라바(Bratislava) ~ 오스트리아 빈(Wien)

4번째 여행국인 오스트리아(Republik Österreich). 오스트리아는 유럽의 중앙부에 솟은 알프스 산맥에 있는 내륙국으로서, 국토의 2/3가 알프스 산지이고, 수도인 빈[5]과 함께 잘츠부르크, 할슈타트 등이 우리에게 잘 알려져 있다.

산지에 많은 볼거리가 있는 오스트리아지만, 나는 일부러 높은 산이 있는 지역으로는 가지 않았다. 나의 이동 수단은 차가 아닌 자전거였기 때문이다.

빈으로 가는 길, 기차는 끝없이 펼쳐진 평원을 가로질러 달렸다.
그리고 지평선 너머로는 수백 수천 개의 풍력 발전기가 서 있었다.
거대한 풍력 발전기들이 한없이 늘어선 그 모습은 아름답게 보이기까지 했다.

---

[5] 우리가 빈(Wien)을 이야기할 때 흔히 비엔나(Vienna)라고 부르기도 한다. 하지만 이 나라의 공용어인 독일어 명칭은 빈(Wien)이고 비엔나(Vienna)는 영어식 이름이기에, 이 책에서는 해당 국가의 공용어를 써서 빈(Wien)이라고 통칭한다.

빈에 도착한 것은 해질 무렵이었지만, 이곳은 지금껏 봐왔던 그 어느 도시들보다 활기찬 도시였다. 수많은 사람들이 기차역을 오가고 있었고, 거리도 인파들로 북적이고 있었다.

첫날 Host의 집에서 잔 후, 그들의 집을 비워줘야 해서 다음 날 두 번째 Host와 만났다. 다음 날 오전, 새로운 Host를 만나 집에 짐을 두고 본격적인 오스트리아 빈 투어를 떠났다. 짐이 실려 있지 않은 자전거는 그야말로 폭주 기관차! 세상에 자전거가 그렇게 잘 나갈 수 없었다.

빈을 여행하고 싶은데 여행할 시간이 얼마 없다면, 이거 하나만 기억하면 된다. 빈의 구도심 관광은 도나우강 남쪽의 지류에서 슈테판 대성당을 중심으로 원형으로 둘러싸고 있는 큰 도로 안쪽을 구경하면 주요 관광지를 거의 다 구경하는 거나 마찬가지다. 나도 관광할 시간이 하루밖에 없었는데, Host의 조언에 따라서 이 도로를 중심으로 구경을 했고, 덕분에 주요 관광지들을 거의 다 둘러볼 수 있었다.

먼저 보여줄 곳은 오스트리아의 극장들이다.

곳은 아카데미에 극장(Akademie Theater)이다.

이곳은 폭스 극장(Volks Theatre). Volks(폭스)는 독일어로 백성, 민중을 뜻한다. 참고로 VolksWagen(폭스바겐)은 Volks(국민)+Wagen(차), 즉 말 그대로 국민차라는 뜻이다.

이곳은 부르크 극장(Burg Theater)이다. 왕궁(Burg) 근처에 있기 때문에 부르크 극장이라는 이름이 붙었다.

카를 성당(Karls Kircke). 두 개의 커다란 기둥이 매우 인상적이다.
앞에는 연못이 조성되어 있었다.

섬세하게 조각된 기둥.

다음은 유럽 대도시에 가면 반드시 가봐야 하는 곳, 바로 성당들이다. 이곳 빈도 유럽을 대표하는 유서 깊은 대도시답게, 아름답고 독특한 성당들을 많이 가지고 있었다.

웅장한 기둥이 너무나도 인상적인 카를 성당(Karls Kircke). 나머지는 유럽의 여느 성당과 비슷한 모습이었는데, 커다랗게 세워진 정문 양 옆 두 개의 기둥은 그야말로 감탄을 자아냈다.

그냥 평범한 기둥이 아닌, 나선형으로 구석구석 섬세하게 조각된 그런 기둥이었다. 그 아름다움에 매료되어 한참을 쳐다봤더니 목이 다 아파왔다.

다음은 미카엘 성당(Michael Kirche). 오스트리아 빈의 중심인 호프부르크 왕궁의 뒤쪽 미카엘 광장에 자리 잡고 있는 작은 성당인데, 외관은 매우 밋밋했지만 그 안은 화려하게 장식되어 있었다. 이 성당은 이름에서 알 수 있듯이 미카엘 대천사에게 봉헌된 성당으로서 무려 13세기에 세워진, 빈에서 가장 오래된 성당 중 하나이다.

성당의 외관은 오스트리아의 다른 건물들에 비해 오히려 많이 수수해 보인다.

내부는 이렇게 섬세하면서도 아름다운 조각품과 그림들로 넘쳐났다. 특히 화려하게 장식된 제대 부분.

십자가에서 내려진 예수님 모습을 담은 조각상. 단순한 디자인이 돋보이는 소제대.

마지막으로 소개할 성당은 빈의 중심, 빈의 랜드마크. 바로 슈테판 대성당(Stephan Cathedral)이다. 모자이크로 화려하게 꾸며진 지붕은 23만여 개의 타일로 만든 것이라고 한다.

높게 솟은 첨탑과 함께,
여느 곳에서는 볼 수 없는 모자이크 형식의 타일로 장식된 지붕이 눈길을 끈다.

성당 주위에는 이처럼 두 마리의 말이 끄는 마차가 여럿 대기 중이다. 관광객들을 위한 구도심 투어용인데, 마차 주변에 가면 말 냄새가 진동을 한다.

깔끔하게 청소된 위쪽과 이제 때를 벗기기 시작한 아래쪽. 몇 십 년 후에 아래쪽 때를 다 벗겨내면 새하얀 슈테판 대성당을 볼 수 있을 것이다.

정교하게 제각된 실물 모형도. 대성당에 걸맞게 성당 모형 역시도 꽤 큰 크기이다.

빈에는 여러 광장들도 있다. 우선 가볼 곳은 마리아 테레지아 광장(Maria Theresien Platz). 헬덴 광장에서 길을 건너면 바로 나오는 이곳은, 가운데 마리아 테레지아 동상을 중심으로 좌우로 똑같은 모양의 건물이 위치해 있다. 현재 동상을 바라보고 좌측은 미술사 박물관, 우측은 자연사 박물관으로 사용되고 있다고 한다.

좌측은 미술사 박물관, 우측은 자연사 박물관. 정말 판박이처럼 똑같이 생겼다.

마리아 테레지아는 오스트리아 합스부르크 왕가의 유일한 여성 통치자로서 많은 업적을 남겼다. 그녀는 총 16명의 자녀를 낳았는데, 그중 막내딸이 바로 프랑스 왕 루이 16세와 결혼해서 단두대에서 비극적인 삶을 마감한 마리 앙투아네트(Marie Antoinette)이다.

이 동상은 가까이에서 보면 정말 위압감을 느낄 만큼 어마어마한 크기를 자랑한다.
빈에서 가장 큰 동상이라고 한다.

 이어서 오스트리아 빈의 중심으로 들어가는 관문, 미카엘 광장(Michaeler Platz)이다. 이 광장은 앞서 소개한 미카엘 성당이 있는 곳이며, 빈의 중심이라고 할 수 있는 국립 도서관과 대통령 궁, 호프부르크 왕궁이 모여 있는 곳으로 들어가는 출입문과 같은 곳이다.

이 건물은 진짜 사진이 아니라 직접 보아야 그 규모가 체감된다.
엄청난 크기의 궁전 건물이 광장을 둘러싸고 있다.

광장 한가운데에는 옛 집터를 발굴해놓은 것이 있다.
바로 로마 시대 유적인데, 이 왕궁과 광장 전체가
로마 시대의 유적 위에 세워진 것이다.

정문 양옆으로는 헤라클레스 조각상이 있다.
조각상이 마치 살아 움직이듯 섬세하게 표현되어 있다.

오스트리아 황제 프란츠 1세의 동상.

미카엘 광장에서 궁전으로 들어서면 호프부르크(Hofburg) 궁전 중에서 구왕궁(Alte Burg)이 나온다. 구왕궁에는 대통령 관저, 황제의 아파트(Kaiserappartement), 시시 박물관(Sisi Museum), 실버 컬렉션(Silberkammer), 레오폴트관, 스위스 궁, 왕실 예배당, 왕실 보물관 등이 있다. 왕실 예배당(Burgkapelle)에서는 주일 미사 때 세계에서 가장 유명한 합창단 중 하나인 빈 소년 합창단의 성가도 들을 수 있다.

이곳을 나서면 헬덴 광장(Heldenplatz)이 나오는데, 역사적으로 아주 의의가 깊은 곳이다. 대표적으로 1938년 3월 15일 나치 독일이 오스트리아를 병합할 때 아돌프 히틀러(Adolf Hitler)가 이곳에서 연설을 했다고 한다. 사실 히틀러의 출신지는 독일이 아닌 오스트리아다.

이 광장은 오스트리아가 터키군과 나폴레옹에게 승리를 거둔 것을 기념하기 위해 만든 것으로, 터키군에게 승리를 거둔 오이겐 왕자(Prinz Eugen Reiterstatue)와 나폴레옹에게 승리를 거둔 카를 대공의 기마상(Reiterstandbild Erzherzog Karl)이 각각 자리하고 있다.

헬덴 광장의 외부 성문을 나와서 오른쪽으로 꺾어서 조금만 가다 보면 오스트리아 국회 의사당(Parlamentsgebäude)이 나온다. 보자마자 한눈에 반해버린 건물. 내 기준으로 이 도시에서 가장 아름다운 조각상이 있던 곳이다. 건물도 건물이지만, 그 앞을 지키고 있던 거대한 아테네 여신상(Pallas Athene Brunnen)이 정말 매력적이었다.

거대한 좌대 위에 올라선 아테네 여신의 모습은 정말 아름다우면서도

지금은 평화로운 광장의 잔디밭. 많은 사람들이 나와서 휴식을 취하는 모습이다. 뒤로 보이는 거대한 동상은 나폴레옹에게 승리를 거둔 카를 대공의 기마상이다.

이곳은 신왕궁(Neue Burg)이다. 1881년 건축되기 시작해서 1913년 완공되었다고 한다. 가운데 거대한 오이겐 왕자의 기마상이 있다.

위엄이 넘쳤고, 그 아래 거대하면서도 역동적인 모습으로 물을 내뿜는 석상들은 그것들이 마치 진짜 살아 움직이는 듯한 착각을 불러일으키기에 충분했다.

오스트리아 국회 의사당의 모습. 너무 화려하고 멋있어서 이곳이 국회 의사당인지 미술관인지 헷갈릴 지경이다.

세련되고 멋진 시청 건물.
곳곳에 다양한 모습의 석상들이 채워져 있다.

오스트리아 국회 의사당 바로 옆에는 빈 시청이 있다. 무슨 놈의 청사가 이리도 아름다운지. 수많은 사람들이 청사를 배경으로 사진을 찍고 있었고, 행사가 있을 예정인지 시청 앞에는 무대가 세워져 있었다.

다음은 빈 국립 오페라 하우스(Wiener Staatsoper). 이곳은 파리 오페라 하우스, 밀라노 오페라 하우스와 함께 유럽의 3대 오페라 하우스 중 하나라고 한다. 현재의 건물은 제2차 세계 대전 당시 파괴된 것을 1955년 복원한 것인데, 영화 '미션 임파서블 5-로그네이션'에서 투란도트 오페라 공연과 함께 톰 크루즈의 화려한 액션이 펼쳐진 장소가 바로 이곳이다.

빈 국립 오페라 하우스의 모습.

다음은 빈 시립 공원(StadtPark). 헬덴 광장의 동쪽에 위치한 이 공원은 1862년 조성되었으며, 귀족들이 사교 장소로 주로 이용하던 곳이라고 한다. 이 공원에서 가장 유명한 것은 황금색으로 빛나는 요한 스트라우스 2세의 동상인데, 번쩍번쩍 빛나는 이 동상과 사진을 찍으려고 이 주변은 늘 인산인해를 이루고 있다.

공원의 입구.
공원의 이름을 딴 전철역도 있어서
대중교통으로 찾아오기가 아주 쉬워보였다.

이 공원 내에서 가장 유명한
요한 슈트라우스 2세(Johann Strauß II) 동상.
'왈츠의 왕'이라는 별명을 갖고 있는
오스트리아의 유명 작곡가이다.
동상 주변은 사진 찍으려는 사람들로
항상 가득 차있다.

이 아름다운 도시도 거의 다 둘러보았으니, 이제 이 도시에서 먹었던 점심을 소개할 차례. 아침에 Host에게 이곳에서 가장 맛있는 음식이 무엇이냐고 묻자 그녀는 '슈니첼(schnitzel)'이라고 대답했고, 점심시간이 다가오자 나는 사람들을 붙들고 이 도시에서 슈니첼을 가장 맛있게 하는 식당이 어디냐고 물었다. 어떤 분이 한 식당을 소개해 주길래 망설이지 않고 그 식당으로 들어갔다.

사람들에게 물어물어 맛있다고 하는 집을 찾아 들어갔다. '줌 베텔스튜덴트(Zum Bettelstudent)'라는 이름의 식당이었다.

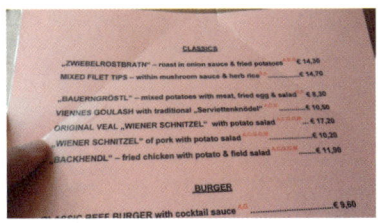

슈니첼(schnitzel)에도 다양한 종류가 있었다. 나는 그중에서 제일 맛있을 것 같아 보이는 것으로 주문했다.

돈가스를 닮은 슈니첼. 겉은 바삭하면서도 부드러웠고 속은 말 그대로 입 안에서 사르르 녹았다. 고기가 단 두 덩어리여서 '부족하겠구나' 생각했는데, 막상 먹어보니 양도 상당했다.

헝가리와 슬로바키아에 비해 급격하게 올라버린 물가가 내 목덜미를 잡았지만, 오스트리아 사람들이 자기네 나라에서 가장 유명하다고 한목소리로 얘기하던 '슈니첼(schnitzel)'을 지나칠 수 없었다. 물론 시원한 맥주 한 잔과 함께.

숨 가쁘게 달려온 빈에서의 하루는, 이렇게 맛있는 추억과 함께 마무리되었다.

4.2. 멋스러운 시골길, 너른 들판을 가로질러

2016년 4월 27일(수).
일정 : 오스트리아 빈(Wien) ~ 홀라브룬(Hollabrunn)

    화려한 도시 오스트리아 빈을 떠나 다음 목적지 홀라브룬(Hollabrunn)으로 향했다. 홀라브룬은 빈에서 북쪽으로 약 53km 떨어진 작은 도시다.

    사실 이날 아침 일어났을 때는 걱정이 태산이었다. 아침부터 굵은 장대비가 쏟아졌기 때문이다. 아침을 먹으면서도 계속 이런저런 걱정을 하며 기죽은 표정을 하고 있었는데, 함께 아침을 먹던 Host가 '걱정 말라'고 한마디를 건네주었다.

    내 마음을 읽은 Host의 바람 덕분이었을까. 하늘도 나의 마음을 알았는지 9시경 그렇게 세차게 내리던 비가 다행히도 서서히 잦아들기 시작했다.

    이날 날씨는 진짜 엄청나게 추웠다. 몇몇 지역은 눈도 왔다고 들었는데, 간만에 다시 추워지니 진짜 자전거 탈 때는 죽을 맛이었다.

버려진 옛 도로를 활용한 자전거 도로. 널찍한 게 아주 좋았다.

빈의 몇몇 높은 빌딩들과 그 옆을 유유히 흐르는 도나우강. 관광지가 몰려있는 구시가지가 아닌 높은 빌딩들만 보이니까 마치 다른 도시를 보는 듯한 느낌이 들었다.

이날의 자전거 길은 도나우강과 함께 시작되었다. 우리나라의 수도권은 도심지를 벗어나도 다른 도시들과 바로 이어지거나 아파트촌이 빽빽하게 들어서 있는데, 이곳은 아무리 대도시라도 도심지만 벗어나면 거의 바로 이렇게 자연과 함께하는 길이 시작되었다. 도시도 물론 공기가 맑았지만, 자전거 길은 그야말로 자연의 숨결을 그대로 느낄 수 있어서 너무나도 좋았다.

바닥에 그려진 이정표.
처음에는 무슨 예술
작품인 줄 알았다.

도도히 흐르는 도나우강.
평화로운 작은 마을들이 강 건너로 간간이 보였다.

너무나도 큰 나무들 때문에
갑자기 어느 숲길로 들어선 것
같지만, 바로 강 옆 도로이다.

이정표가 정말 알아보기 쉽게
잘 되어있다. 외국인인 내가
봐도 척 알아볼 수 있게끔
잘 되어 있었다.

이날 달린 길은 유로 벨로 6(Euro Velo 6). 중간에 자전거 표지판을 만났는데, 정말 상세하게 잘 나와 있었다.

이 강변도로가 끝나고 조금 더 달리다 보니 작은 마을이 나왔다. 간식거리를 사기 위해서 슈퍼마켓에 들렀는데, 이 가게의 이름은 뭔가 굉장히 저렴하게 물건을 팔 것 같은 '페니(Penny)'. 예상대로 물건들이 정말 저렴하고 좋았다. 오스트리아는 다른 동유럽 국가들에 비해 식당 물가는 비쌌지만, 슈퍼마켓은 다른 나라들과 마찬가지로 매우 저렴했다. 오렌지와 소시지, 음료수를 샀는데 3€(약 3,900원)도 되지 않았다.

페니(Penny) 슈퍼마켓의 모습.　　　어느 마을에서 마주친 조각상.
물건이 아주 저렴하고 좋았다.　　　아주 화려하면서도 아름답게 조각되어 있다.

마을을 벗어나니 다시 너른 들판이 나타났고, 그렇게 계속 달리다보니 어느새 점심시간이 되었다. 유럽은 식당 찾기가 우리나라만큼 쉽지가 않았다. 중간에 사람을 만나는 것조차 쉽지가 않았으니, 식당 찾기는 그야말로 하늘의 별 따기였다. 그래서 아까 슈퍼마켓에서 샀던 간식을 점심으로 격상시키고, 어디서 먹을까 적당한 장소를 찾기 시작했다. 때마침 노란 유채꽃 밭이 나타났고, 나는 기왕 거리에서 밥 먹는 거 꽃밭에서 한번 먹어보자는 생각에 잠시 자전거를 세웠다.

점심 식사 장소로 더할 나위 없이 좋은
유채꽃 밭 옆길. 이날의 반찬은 꽃향기이다.

이날 점심은 소시지, 오렌지 1개,
초코바 1개, 음료수였다. 내 기준으로는
죽지 않을 만큼만 먹은 것이었다.

밥을 먹고 있는데 멀리 기차가 지나갔다. 유채꽃 밭 사이를 달리는 귀엽게 색칠된 기차.
날씨만 더 좋았으면 아주 멋진 사진이 될 뻔했다.

자세히 보면 들판 너머로 비가 내리는 것을 볼 수가 있다.
멀리까지 지평선이 보이니까 정말 별걸 다 볼 수 있었다. 이런 장면은 살다가 처음 보는 광경이었다.

오스트리아의 시골 마을 풍경. 모양은 모두 엇비슷하지만,
알록달록 다양한 색으로 집들이 구분되어 있다. 담장이 없고 벽이 모두 붙어있는 것이 특이했다.

시골 간이역의 모습. 승강장이 아니었다면 역인 줄도 모르고 그냥 지나칠 뻔했다. 아까 밥을 먹을 때 지나갔던 기차도 이곳을 지나왔을 것이다.

내가 여행을 하던 때는 다름 아닌 오스트리아 대통령 선거 기간이었다. 동네 광고판에 같은 남자가 하도 많이 나오길래 혹시나 누군가 싶어서 물어보니 아니나 다를까 대통령 후보였다.

이날은 날이 쌀쌀해서 그런지 마을을 지나도 거리에서 사람 구경하기가 힘들었다. 그렇게 한참을 달리다가 반가운 표지판을 만났다.

목적지까지 불과 6km밖에 남지 않았다는 표지판이었는데, 며칠 후 가게 될 체코 프라하까지의 거리도 함께 나와 있었다. 243km.

그 어떤 자양강장제보다도 힘을 불끈 솟게 만들었던 표지판.
드디어 이날의 결승선이 눈앞에 보인다. 표지판에서 Mitte는 Middle, 시내 중심부를 가리키고, Süd는 south, 남쪽이라는 뜻이다.

잠시 후 홀라브룬(Hollabrunn)의 Host 집에 도착했다. 창밖으로 유채꽃 밭이 내려다보이는 그림 같은 집이었는데, 정말 눌러앉아서 살고 싶다는 생각이 드는 그런 집이었다. 도시 사람들과는 달리 다들 여유가 넘치고 행복 가득한 표정을 가진 가족이었는데, 진짜로 시골 할머니 댁에 놀러온 그런 포근한 느낌이었다.

Host의 집에서 식탁에 앉아 창밖을 내다본 풍경. 풍경이 진짜 백만 불짜리이다. 유채꽃 밭이 내려다보이는 집이라니!

이 집에 도착한 후 먼저 따뜻한 수프를 얻어먹었다. 입안에 수프를 넣는 순간, 추운 날씨에 얼어붙었던 몸이 사르르 녹아내리는 것을 느낄 수 있었다. 조금만 먹으려고 했는데, 너무 맛있어서 몇 그릇 더 먹고 말았다. 수프를 먹은 후에는 저녁을 먹기 전까지 Host와 함께 동네 산책을 했다. 고즈넉한 풍경이 눈앞에 펼쳐져 있었고, 저 멀리 언덕 너머로는 해가 뉘엿뉘엿 넘어가고 있었다. 평화롭고, 깨끗하고, 조용했다. 마치 시간이 정지한 기분이었다.

냄비에 담긴 야채 스프.
어찌나 허겁지겁 맛있게 먹었는지,
그릇이 순식간에 텅 비어버렸다.

산책을 하고 돌아와서 Host의 부모님과 함께 저녁을 먹었다. Host의 아버지는 체코에서 일을 하고 돌아오셨는데, 그가 이날 그 지역에 눈이 왔었다고 말해주었다. 그러면서 그들도 4월 말에 이런 날씨는 오랜만이라며, 이런 날 자전거를 타고 온 나보고 정말 대단하다고 했다.

저녁으로는 으깬 감자 요리와 작은 스테이크, 맥주 등을 먹었다. 밥을 먹으면서 영어와 독일어를 섞어서 사전도 뒤지고 손짓 발짓 다 동원해서 서로의 삶에 대해서 두런두런 대화를 나누다 보니 언어의 장벽이 크게 느껴지지 않았다. 그날의 평온했던 저녁은 그렇게 무르익어 갔다.

나는 영어를 그리 잘하는 편은 아니다. 독일어는 더더욱 그렇고. 하지만 겁먹지 않고 계속 부딪히니까 신기하게도 대화가 계속 이어졌다. 이

해질 무렵 마을의 풍경. 정말 아름답고 평화로운 시골 마을이었다.

때 중요한 것은 눈을 바라보며 대화하는 것이었다. 상대방을 계속 주시하고 그가 무슨 의미로 말을 하는지 지켜보고 알기 위해 노력했더니, 대충 감이 딱딱 오기 시작했다.

  Host의 아버지와 수없이 많은 건배를 하고 나니 어느새 식탁에 있는 요리들이 다 배 속으로 사라져버렸다. 저녁 식사 후 Host가 칵테일 책을 보고 거기 있는 레시피대로 칵테일을 만들어주었다. 배가 그렇게 부른데도 칵테일은 또 잘 넘어갔다.

  이 집은 집안 구석구석 가족 모두의 손길이 묻어있는 정말 그림같은 집이었다. 실내 장식의 압권은 2층으로 올라가는 계단이었다. 가족들이 함께 그린 그림이 그려진 계단은 그 어떤 인테리어보다 멋있고 예뻐 보였다. 커다란 채광창이 일품인 화장실도 빼놓을 수 없는 곳이었다. 화장실 창문 밖으로 보이는 풍경은 상상하던 동화 속 모습 그대로였다.

내가 본 가장 멋진 계단 중 하나였던 계단 벽화.

이곳은 다름 아닌 화장실이다(유럽 화장실은 보통 씻는 곳과 볼일을 보는 곳이 분리되어 있었다). 싱그러운 햇살을 받으며 맑은 물로 상큼하게 씻는 그 기분은 정말 최고였다.

그렇게 오스트리아 시골집에서의 하룻밤은 잊지 못할 아름다운 추억을 선사해 주었다. 대도시의 화려함도 물론 오래 기억에 남지만, 이렇게 사람의 향기와 함께한, 자연 속에서 머물렀던 이날의 하루는 그 어떤 대도시의 화려함보다 더 강렬하게 내 마음 속에 각인되었다. 바로 그것이 내가 자전거 여행을 선택하고 현지인 집에 머무른 이유이기도 했다. 오스트리아에서의 마지막 1박 2일은 이렇게 내 마음에 소중한 기억으로 남게 되었다.

이 집에서 만난 또 다른 소중한 친구를 소개할까 한다. 바로 고양이. 이 집에는 고양이가 있었는데, 아주 독특한 자세로 휴식을 취하며 '나 좀 찍어 주소' 하고 포즈를 취하고 있었다. 녀석을 보고 있던 나의 얼굴에도 절로 미소가 피어올랐다.

이름은 기억이 나지 않지만, 이 집에서 정말 큰 사랑을 받으며 자라고 있던 고양이. 그 독특한 자세 덕분에 오래 기억에 남았다.

4.3. 자연이 선물해준 최고의 아름다움.

2016년 4월 28일(목).
일정 : 오스트리아 홀라브룬(Hollabrunn) ~ 체코 즈노이모(Znojmo)

단 하루 만에 너무나도 정이 들었던 홀라브룬을 떠나 체코(Česká republika)의 첫 도시 즈노이모(Znojmo)로 향했다. 오랜만에 국경을 넘는 날이 다가온 것이다. 이날은 날씨도 그럭저럭 괜찮았고 거리도 비교적 짧아서 쉬엄쉬엄 페달을 밟았다.

정말 아름다운 경치 사진.

천천히 달리면서 여유롭게 주변 경치를 감상하다가 너른 들판이 나오길래 '아, 요거 윈도우 바탕 화면 따라하기 딱 좋겠다' 싶어서 사진을 찍었는데, 정말 아름다운 사진이 탄생했다. 경치가 너무 아름다워서 사진을 찍고 한참 동안 풍경을 바라보았는데, 사진까지도 너무나도 멋지게 나와서 너무 행복했다. 구도, 햇빛, 구름, 들판 모든 것이 어우러진 최고의 사진이었다.

마치 반지의 제왕 호빗족의 마을을 닮은 곳도 지나갔다. 이날은 정말 놀랍도록 아름다우면서도 기억에 남는 풍경들의 연속이었다.

길 양옆으로 쭉 나있는 창고들. 난쟁이 마을에 온 듯한 풍경이었다.

잠시 후 작은 마을에 도착했다. 유럽에서는 마을 한가운데 가장 좋은 위치에 어김없이 커다란 탑이 있었는데, 이곳 탑에는 수많은 인물상들이 조각되어 있었다.

굉장히 섬세하고 많은 인물들이 들어가 있는, 복잡다단한 모양의 조각상.

나는 바로 이 마을에서 간식을 먹기로 했다. 이날은 간식을 사러 슈퍼마켓에 들를 필요가 없었는데, Host가 나의 간식까지 챙겨주었기 때문이다. 그녀가 챙겨 먹으라고 건넨 봉지 안에는 웨하스, 과자, 샌드위치, 사과 등 한 끼 식사로 먹어도 충분한 여러 가지 음식들이 준비되어 있었다. 벤치에 앉아 간식을 먹으니 힘이 절로 났다.

이날은 목적지까지 가는 가장 빠른 길이 아니라 조금 옆길로 둘러서 갔다. 중간에 대형 풍차가 있는데, Host와 그녀의 가족들이 그곳에 가서 구경 한번 하고 가라고 추천해 주었기 때문이다. 레츠(Retz)라고 하는 작은 마을이었는데 체코와의 국경에 인접한 마을이었다.

가는 길에 나타난 포도밭. 아직 초봄이라 그런지 가지들만 앙상하게 늘어서 있다.

뭐 워낙 시골 지역이라 큰 기대를 하고 간 것은 아니었지만, 정말 풍차 하나만 서 있고 다른 것은 아무것도 없었다. 하지만 언덕 위에서 바라본 경치 하나만큼은 끝내주는 곳이었다. 수확 시즌 때는 축제도 있는 모양인지 축제 사진과 설명서가 붙어있었다. 하지만 내가 갔을 때는 인적조차 드물었다.

거대한 풍차가 언덕 위에 세워져 있다. 풍경이 그야말로 예술이다!

잠깐의 시골 풍차 투어를 마치고 다시 열심히 페달을 굴렸더니 잠시 후 오스트리아-체코 국경 검문소가 보였다. 유럽의 다른 국경 검문소와 마찬가지로 이곳도 아주 한가해 보였다. 오스트리아 쪽에는 지키는 이가 아예 아무도 없고, 체코 경찰 두 명이서 차를 세워두고 일하고 있었다. 그들에게 다가가니 묻지도 따지지도 않고 그냥 통과였다. 유럽의 국경은 그렇게 서로 활짝 열려 있었다.

너무나 평화롭고 한가로운 국경 검문소.

드디어 도착한 체코! 처음 방문한 체코 국경 도시의 이름은 즈노이모(Znojmo)였다.

드디어 체코!!! 체코 공화국임을 알리는 표지판이 선명하다.

'Zmojmo(즈노이모)'라고 이름을 대문짝만하게 적어 놓았다 체코의 첫 번째 도시는 그렇게 내게로 다가와 인사했다.

5.
체코

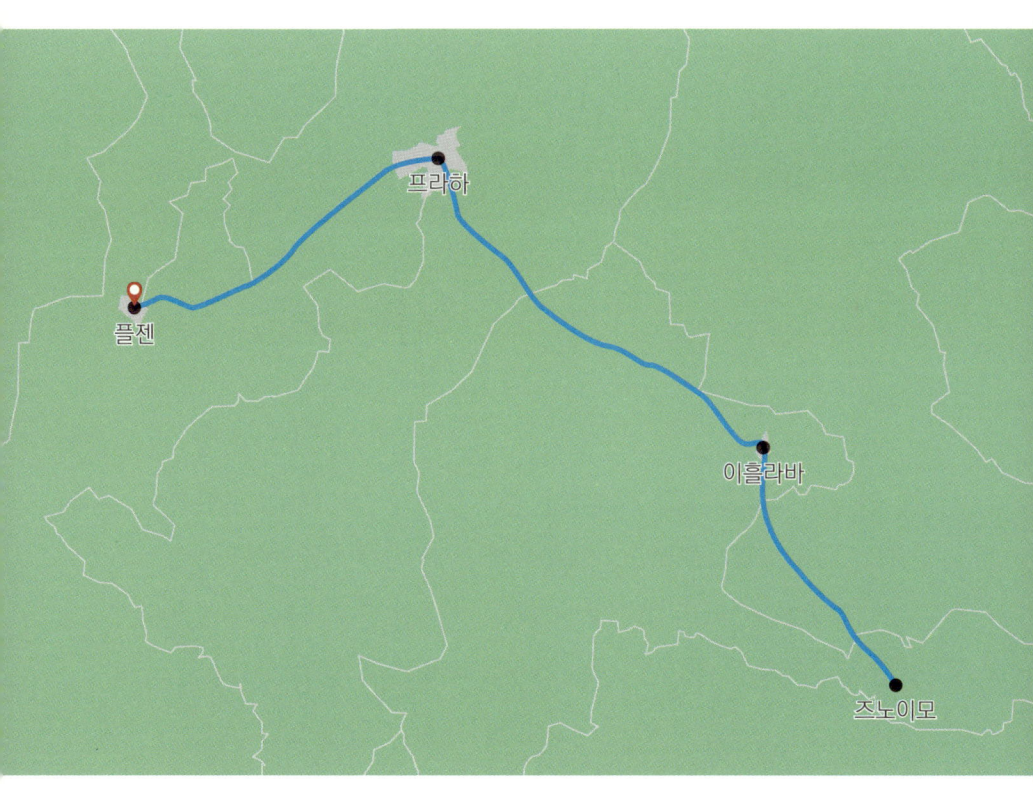

일정 : 즈노이모(Znojmo)~이흘라바(Jihlava)~프라하(Praha)~플젠(Plzeň)

5.1. 내 마음을 훔쳐간 즈노이모(Znojmo)

2016년 4월 28일(목).
일정 : 오스트리아 홀라브룬(Hollabrunn) ~ 체코 즈노이모(Znojmo)

드디어 도착한 5번째 나라, 체코(Česká republika). 체코는 1993년 체코슬로바키아로부터 분리되어 오늘날의 모습을 갖추게 되었는데, 2005년 방영된 '프라하의 연인'이라는 드라마로 널리 알려진 프라하가 이 나라의 수도이며, 세계적인 그룹 퀸(Queen)의 노래 '보헤미안 랩소디(Bohemian Rhapsody)'를 통해 이름을 널리 떨친 보헤미아 지역이 바로 체코 북동부와 폴란드 서남부를 아우르는 지역의 역사적 명칭이다. 또한 세계를 사로잡은 필스너 우르켈(Pilsner Urquell) 맥주의 본고장이기도 하다.

이날 즈노이모에 예상보다 아주 이른 시간에 도착했다. Host와의 약속 시간이 아직 많이 남아있어서 일단 광장에 자전거를 세워두고 휴식을 취했다.

잠깐의 휴식 후 제일 먼저 찾은 것은 환전소. 이곳 체코는 유럽 연합에 가입되어 있긴 하지만 유로화가 아닌 독립된 화폐를 사용하고 있었다. 헝가리와 마찬가지로 많은 동유럽 국가들이 아직 고유의 화폐를 고수하고 있었는데, 체코의 통화는 체코코루나(CZK)이다.

면 요리에 고기 몇 점. 알고 봤더니 베트남 식당. 가격은 정말 착했다. 맥주 포함 85CZK(약 4,200원).

오스트리아 홀라브룬의 Host가 싸준 간식은 평상시라면 한 끼 식사 대용으로도 충분하겠지만, 자전거 여행을 시작한 이후로 평소보다 더욱 증가한 나의 식사량을 채우기에는 부족한 양이었다. 뭘 먹을까 잠깐 고민도 했는데, 외부 간판에 그냥 고기가 많이 보이는 집으로 들어갔다. 알고 봤더니 그 식당은 베트남 식당이었는데, 다행히 오스트리아에 비해서 가격은 다시 확 내려왔다.

늦은 점심을 먹은 후 다시 광장으로 나왔다. 여느 광장들과는 달리 이 도시의 광장은 경사진 곳에 조성되어 있었다. 하지만 다른 곳들과 마찬가지로 광장 좌우로는 건물들이 쭉 늘어서 있었고, 한쪽에는 기념탑이, 그리고 아래쪽에는 성당이 위치해 있었다. 이 광장에서 특징적인 것은 위쪽으로 나 있는 메인 골목 중간에 커다란 탑이 세워져 있다는 점이다.

즈노이모 메인 광장의 모습. 골목에는 사람이 많았는데, 광장은 텅 비어 있었다.

5. 체코 117

벤치에 앉아 잠깐 휴식을 취한 후 본격적인 도시 탐방에 나섰다. 제일 먼저 들어간 곳은 성 크리체 성당(Kostel Svateho Kříže)이었는데, 길을 가다가 골목 안에서 갑자기 큰 성당이 툭 튀어나오길래 호기심에 들어간 곳이었다. 역시 아무리 작은 도시에 있는 성당이라 할지라도 유럽의 성당은 절대 실망시키는 법이 없었다.

이 골목이 광장으로 이어지는 큰길인데, 온갖 가게들이 이곳에 다 몰려 있었다. 한가운데 높이 솟은 탑이 인상적이었다.

성당의 입구.

이 성당의 제대 역시 굉장히 화려하게 꾸며져 있었다.

아름다운 광경에 넋을 잃은 나는, 한참이나 눈앞에 펼쳐진 절경을 바라보았다.

　도심지 구경 후 길을 가다가 전망대에 도착했는데, 그곳에서 나는 깜짝 놀라고 말았다. 정말 마법처럼 아름답고 예쁜 경치가 눈앞에 펼쳐졌기 때문이다!!!

　햇빛이 구름 사이로 수줍게 고개를 내밀고 있었고, 저 멀리 산 너머 꼭대기에 있는 교회는 보일 듯 말 듯 나무들 사이에 숨어있었다. 좌측으로는 즈노이모 성(Znojemský hrad)이 자리 잡고 있었고 그 뒤로 강이 살짝 보이고 있었는데, 정말 숨 막히게 아름다운 광경이었다. 나는 그곳 전망대에 서서 그렇게 한참을 그저 바라만 보았다. 그저 바라보는 것만으로도 무언가 벅찬 감동이 밀려오는 것을 실감할 수 있었다.

성 니콜라스 성당과 즈노이모 시의 전경.

즈노이모 성에 있는 성녀 카타리나 원형 타워(Rotunda svaté Kateřiny).
11세기 중반에 제작된 이곳은 아주 멋진 전망으로 유명하다.

그곳에서 옆으로 고개를 돌리면 즈노이모에서 가장 큰 성당인 성 니콜라스 성당(Chrám svatého Mikuláše)과 즈노이모의 전경을 한눈에 볼 수 있었다. 가운데 강을 사이에 두고 우측 아래로는 작은 집들이 군데군데 모여 있었는데, 정말 오래도록 눈에 담고 싶은 그런 풍경이었다.

아쉽게도 즈노이모 성으로 들어가는 문은 저렇게 굳게 닫혀 있었다.
오후 5시까지만 문을 연다고 한다.

정말 그림같은 즈노이모의 풍경.

이어서 찾아간 곳은 바로 맞은편에 자리 잡고 있던 성 니콜라스 성당. 내부는 크게 화려하지는 않았지만, 몇몇 작품들이 나의 시선을 끌었다. 그중에는 그동안 유럽의 성당에서 한 번도 보지 못한 것도 있었다. 그것은 바로 투명한 상자 속에 들어간, 보석으로 치장된 유해였다.

제대의 모습.
벽이 온통 백색이라서 제대의 장식이
더욱 강렬하게 다가오는 느낌이었다.

분명 독서대인 듯한데 공중에 달려 있다.
더 특이한 점은 아랫부분이
지구본 모양이라는 점이다.

한참을 구경했던 성 보니파시오(St. Bonifacious)의 유해. 과연 저 보니파시오는 어느 보니파시오인가(가톨릭의 오랜 역사 덕에 동명이인 성인도 많다), 미라는 진짜인가 이것저것 궁금한 와중에 그냥 들었던 생각은 '저 관 안에 있는 보석은 진짜는 아닐 것이다'라는 것이었다. 수백 가지의 장신구들, 진짜라면 수 억 원은 더 될 듯한 보석들을 저렇게 경비원 하나 없이 보관하고 있지는 않을 것이라는 생각이 들었기 때문이었다.

강에는 작은 댐이 보였고, 그 옆에는 아기자기하게 예쁜 집들이 나무들 사이에 자리 잡고 있었다.

이날 하루, 너무나도 멋진 광경을 마음과 카메라에 담았던 나는 큰맘 먹고 저녁을 먹으러 호텔 레스토랑에 들어갔다. 물가가 저렴한 나라에 오기도 했고, 오늘 하루 수고했으니 한번 마음 놓고 먹어보자는 생각에 과감히 발걸음을 옮긴 것이다. 물론 Host가 추천해 준 식당이었다. 체코 물가에 대한 믿음 덕택에, 가격 걱정 말고 이 도시 최고의 식당을 소개해달라고 했더니 어느 한 식당을 추천해 주었다.

직전에 있던 곳이 물가가 높은 오스트리아라서 그랬는지, 호텔 레스토랑인데도 저렴하게 느껴졌다.

호텔 레스토랑의 입구. 화려하진 않았지만 들어서니 서비스가 역시 호텔다웠다.

테이블의 모습. 지금껏 유럽에 와서 앉아본 것 중에서 가장 고급스러운 식탁이었다.

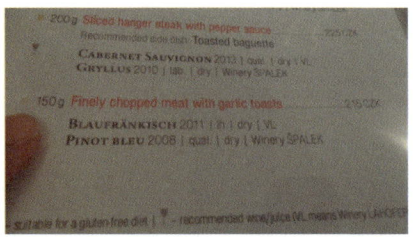

이곳은 메뉴 이름이 곧 그 음식의 모든 것을 보여주고 있다. 우리말로 번역하면 '잘게 다진 고기와 마늘, 구운 빵' 정도가 되겠다. 요리는 이름 그대로, 정말 그렇게 나왔다.

주문한 음식은 215CZK(약 10,000원), 가격이 워낙 저렴했기에 와인이 유명하다고 해서 그것도 시원하게 한 병 마셨다.

고기 요리와 와인 사진.
접시가 워낙 넓어서 작게 보이지만,
양이 꽤 많았다.

체코에서의 첫 저녁 식사는 성대하게 흘러갔다. 고기를 다 먹으니 술이 남고, 술을 다 마시니 고기가 남고, 선순환인지 악순환인지 모를 끝없이 이어지는 뫼비우스의 띠와 같은 굴레에 갇혀 나는 먹고 또 먹었다.

그렇게 홀로 즐기는 만찬을 끝내고, Host의 집으로 돌아왔다.

이곳 Host의 집은 깔끔한 실내가 인상적인 아파트였다. 내가 묵었던 방은 파란 계통의 벽지에, 파란색 그림에, 파란 이불로 꾸며진, 마음까지 푸르러지는 깔끔하고 아늑한 방이었다.

이렇게 체코에서의 행복한 여정이 시작되었다. 보고 듣고 즐기고, 씹고

파란 이불, 파란 벽지, 파란 테이블보.
심지어 벽에 걸린 그림도 파란색이다!

뜯고 맛보고 마시며 달리는 오감 만족 체코 여행! '이보다 더 좋은 시작이 또 있을까' 싶을 정도로 완벽한 하루였다.

5.2. 맑고 청명한 날씨 속 즐거운 시골길 라이딩!

2016년 4월 29일(금).
일정 : 체코 즈노이모(Znojmo) ~ 이흘라바(Jihlava)

즈노이모의 환상적인 경치를 뒤로하고 다음 도시를 향해 길을 떠났다. 이날은 목적지를 따로 정해놓지 않고 출발했다. 그냥 토요일까지 프라하에 도착한다는 계획하에, 즈노이모와 프라하의 중간쯤 되는 어느 도시까지 가기로 마음먹고 페달을 밟기 시작했다.

적당한 온도, 맑은 하늘과 예쁜 구름, 선선한 바람까지 모든 것이 완벽한 날씨 속에 드넓게 펼쳐진 유채꽃 밭을 옆에 끼고 자전거를 달렸다.

너른 들판과 잘 어우러져 있는 체코 시골 마을의 모습.   체코는 평지보다는 언덕이 많았다. 멀리 유채꽃이 넓게 피었고, 그 뒤로는 숲이 빽빽하게 자리 잡고 있다.

잠시 후 자전거는 숲길로 들어섰다. 진짜 나무가 엄청나게 빼곡히 들어선 길이었는데, 솔직히 곰이나 다른 산짐승들이 나올까 봐 조금 걱정도 되었다. 나중에 체코 친구들한테 물어보니 곰은 없다고 했지만, 정말 뭐라도 하나 나올 것 같은 길이었다.

빽빽한 숲길 사이로 나 있는 도로. 이 정도 울창한 숲에 포장된 길이 있는 것에 감사드렸다.

산길이라 그런지 이날은 경사도 엄청났다. 오르막과 내리막의 향연이 펼쳐진 이날, 나 역시 자전거와 함께 지옥과 천국을 쉼 없이 오갔다.

숲속 갈림길에서 만난 이정표. 아무것도 없을 줄 알았는데, 이런 이정표를 만나니 어찌나 반가운 느낌이 들던지, 누군가 이 여행을 함께하고 있다는 그런 느낌마저 들던 순간이었다.

체코 시골길의 버스 정류장. 나에게는 백만 불짜리 쉼터였다.

　달리다 보니 어느새 점심시간. 점심 식사 장소로 가장 안성맞춤인 버스 정류장에 잠시 멈춰 섰다. 이런 시골길에서는 식당이나 마트 찾기가 하늘의 별 따기라서, 미리 아침에 마트에 들러서 그날 먹을 식량을 산 후 앉을 의자가 있고 지붕이 있는 버스 정류장에서 끼니를 해결하곤 했다. 비바람과 뜨거운 햇살을 막아줄 지붕도 있고, 편히 쉴 수 있는 의자도 있는, 버스 정류장은 정말 최고의 쉼터였다.

　멋진 시골 풍경을 바라보며 맛있게 점심을 먹고 나서 다시 길을 떠났다. 한참을 가다가 사진을 찍으려는데 아뿔싸, 카메라를 버스 정류장에 두고 온 것이 아닌가! 한참을 다시 되돌아갔더니 카메라는 자기에게 무슨 일이 있었는지 아는지 모르는지, 버스 정류장에서 무심히 나를 기다리고 있었다.

소시지, 과자 조금. 이날 점심은 이게 전부였다.

이날은 날씨도 좀 따뜻해져서 그런지 물통에 담긴 물이 미지근해진 느낌이었다. 그래서 좀 시원한 물을 구하고자 길을 가다가 동네 주민분이 보이기에 물을 좀 달라 부탁을 드렸다. 인적이 드문 곳이었는데, 때마침 꽃밭에서 일하시는 아주머니가 계셔서 말씀을 드렸더니 흔쾌히 물을 주셨다. 그런데 그분이 건네주시는 물건을 보고 깜짝 놀랐다. 시원한 물과 함께 맛있는 커다란 초콜릿도 하나 주셨기 때문이다. 'merci'라는 이름의 초콜릿이었는데, 프랑스어로 '감사합니다'라는 뜻이었다. 나중에 알고 보니 꽤 유명한 초콜릿 상표였다.

선물로 받은 물 한 통과 초콜릿. 정말 너무너무 고마웠다.
체코어로 짧게 감사하다는 말만 할 수 있다는 게 너무 아쉬웠다.
체코어로 '감사합니다'는 'Dekuju(데꾸유)'이다.

이렇게 나는 유럽 사람들이 자전거 여행객들에게 엄청 친절하다는 것을 다시 한번 몸소 체험할 수 있었다. 세계 어느 나라나 똑같은 넉넉한 시골 인심과 함께.

이 밭을 지키고 계신 예수님.
유럽에서 아주 흔히 볼 수 있는 풍경이다.

유럽 시골길의 풍경을 몇 가지 소개해볼까 한다. 우리나라 시골에는 논이나 밭, 마을 입구 등에 표지석이나 장승 등을 세워놓는 경우가 많다. 마찬가지로 유럽에서는 밭에 십자고상이나 성화와 같은 그리스도교와 관련된 것들을 세워두는 경우가 많이 있다. 어떤 것은 매우 화려하고, 또 어떤 것은 아주 수수한 모습인데, 공통점이 있다면 파손되어 방치되는 것은 거의 없고 모두 다 잘 관리되고 있다는 점이다.

한편 시골 도로의 표지판은 매우 간결하다. 표지판에는 방향과 거리, 이름. 화살표는 방향, 숫자는 목적지까지의 거리(km), 그리고 마을 명이 표시되어 있다. 대부분 갈림길 앞에 설치되어 있는 경우가 많고, 정작 갈림길에 도착하면 아무 표시도 없는 경우가 흔해서 다시 되돌아와 표지판을 확인하는 일도 몇 번 있었다.

시골 마을의 표지판. 사실 이 표지판을 찍은 이유는 언뜻 보았을 때 웃기게 읽혔기 때문이었다. 'OPATOV(오빠또봐)', 'OKRISKY(오케이이스키)'.

자전거로 통과했던 숲의 모습. 숲 안으로 들어서자, 나무가 빽빽하게 들어차 있어 좀 어두운 느낌이 들었다.

유럽의 시골길을 달리다 보면 아무런 도로 표지도 없는 곳에서 난데없이 신호등이 나타날 때가 있다. 이것은 '도로 공사를 하고 있어서 한쪽 차선밖에 사용할 수 없으니 파란불 켜질 때까지 여기서 잠자코 기다려라!'라는 뜻이니까 가만히 서서 파란불이 켜질 때까지 기다려야 한다. 우리나라에서는 수신호 하는 인부를 많이 봤는데, 여기서는 도로 통제에 주로 이 신호등을 사용하고 있었다.

도로 중간에 갑자기 나타난 신호등. 이 신호등은 저 멀리 어디선가 도로 공사가 진행되고 있어서 한쪽 차선만 사용할 수 있을 때 주로 사용된다. 이 신호를 어기면 정말 답이 안 나오는 상황이 펼쳐질 수도 있다.

얼마나 달렸을까, 저녁 어스름 즈음에 이흘라바(Jihlava)라고 하는 작은 도시에 도착했다. 이흘라바에서는 유럽 입성 후 처음으로 호텔에서 숙박을 하게 되었다. '구스타프 말러(Hotel Gustav Mahler)'라는 이름의 3성급 호텔이었는데, 호텔에 묵은 지 너무 오래되어서 생각도 못하고 있는 것이 있었으니, 바로 호텔 체크인을 하기 위해 반드시 필요한 여권이었다. 너무 오랫동안 사용하지 않았기에 패니어 가방 깊숙이 숨어 있는 여권을 찾느라 아주 진땀을 뺐다. 생각해보니 헝가리 이후 여권을 꺼낸 적이 한 번도 없었다.

호텔에서 방을 먼저 보여준 후에 마음에 드냐고 묻길래, 그냥 오케이를 외쳤다. 제일 꼭대기 층 전망 좋은 방이었기 때문이다. 가격도 1,200 CZK(약 60,000원)로 크게 부담이 되지 않는 금액이었다.

호텔에 여정을 풀고 여느 때와 마찬가지로 바로 개인 정비에 들어갔다. 입은 옷 손빨래를 마치고 샤워를 한 후에 저녁을 먹으러 나왔다. 호텔 카운터에 이 근방에서 제일 맛있고 좋은 식당이 어디냐고 물어봤더니, 근처의 어느 고급 레스토랑을 소개해 주어서 그곳으로 갔다.
'타운홀 레스토랑(Town Hall restaurant)'이라고 하는 곳이었는데, 손님 대부분이 정장이나 격식 있는 옷을 쫙 빼입고 와서 식사를 하고 있었다. 나의 꾀죄죄한 몰골이 약간은 미안했기에, 그 미안함을 덜고자 폭풍 주문을 시작했다.

유럽의 식당에서 나의 주문 기준은 두 가지였다. 첫 번째, 그 지역의 특산 맥주. 두 번째, 양 많은 고기. 우리나라에 동네마다 그 지역 막걸리가 있는 것처럼, 유럽에는 동네마다 그 지역의 맥주가 있었기에 하루도 거르지 않고 맥주를 마셔댔다. 또한 자전거 여행을 하느라 운동량이 많았지만 대부분 점심을 간단하게 때웠기에 저녁에는 아주 허기가 져서 고기가 무한정 들어갔다.

동유럽에선, 특히나 이런 작은 도시에서는 메뉴판이 거의 다 현지어로 되어 있었다. 영어 메뉴판은 대부분 없었는데, 영어 메뉴판이 있다는 것은 이 식당이 얼마나 고급스럽고 좋은 곳인가를 보여주는 또 하나의 척도이기도 하다. 그만큼 외지인들이 많이 찾아오는 식당이기 때문이다.

어쨌든 고기 양이 많아야 하고, 매운 것을 좋아한다고 나의 식성에 대해 종업원에게 이야기했더니, 자기가 자신한다면서 이런저런 요리를 추천해 주었다. 물론 그 종업원의 예상보다 나의 위장이 훨씬 크기는 했지만, 그의 추천은 100점 만점에 100점이었다.

종업원에게 어떻게 시키면 좋은지 물어봤는데,
수프와 메인 요리를 하나씩 시키는 것을 추천해서 그렇게 했다.
몸을 따뜻하게 녹여줄 수프 한 그릇, 고기 요리와 맥주를 한 잔 시켰다.
그리고 나중에 메인 요리를 하나 더 시켰다. 물론 맥주도 한 잔 더 먹었고.
두 번째 메인 요리를 시킬 때 종업원이 놀랬다. 정말 다 먹을 수 있냐고 말이다.
그래서 히딩크 감독의 명언을 빌어 이런 말을 남겼다.
"나는 아직 배가 고프다(I'm still hungry)"

체코에서의 먹방 2탄을 아주 성공적으로 끝낸 나는 호텔방에서 아주 꿀맛 같은 잠을 잘 수 있었다.

다음 날 목적지는 프라하(Prague). 동유럽의 보물, 예술과 문화가 살아 숨 쉬는 곳, 보헤미아의 중심! 드디어 체코 프라하로 길을 나섰다!

5.3. 프라하(Praha)! 예술에 취하고 낭만에 반하다

2016년 4월 30일(토).
일정 : 체코 이흘라바(Jihlava) ~ 프라하(Praha)

오늘의 목적지는 프라하!!! 여행 전에도 가장 가보고 싶었던 도시였고, 여행 후에도 가장 기억에 남는 도시 중 하나가 바로 프라하(체 : Praha / 영 : Prague)였다.

이날은 거리가 꽤 멀었기 때문에 사진도 거의 찍지 않고 달리는 데 집중했다.

표지판에 프라하가 나타나기 시작했다!!!
프라하 글씨만 봐도 심장이 쿵쾅쿵쾅.

저 캔 맥주와 음료수가 합쳐서 37CZK (약 1,800원)이었다. 이러니 체코를 사랑할 수밖에. 우측의 물통은 워낙 내구성이 좋아서 여행 마지막 날까지 가지고 다녔다.

여행을 시작한 이후 나는 처음으로 해가 완전히 진 후에 목적지에 도착했다. 프라하에 도착해서 Host의 집으로 가려고 하는데 이게 웬걸, Host의 집은 큰 다리를 건너야 했는데 그 다리는 자동차 전용 도로였고 밤이라 그런지 도로의 차들이 더욱 쌩쌩 달렸다. Host의 집으로 갈

Host의 집에 도착해서 이것저것 무지하게 얻어먹었다. 이날 늦은 시간까지 저녁을 먹지 못했었기 때문에 매우 허기진 상태였는데, Host의 집에 각종 고기 요리, 감자 요리, 수프, 스파게티 등등 수많은 음식들이 준비되어 있어서 아주 배터지게 먹을 수 있었다. 이 집에 있던 2박 3일 동안 정말 원 없이 먹었던 것 같다. 물론 체코의 자랑, 필스너 우르켈 맥주도 함께.

수 있는 길을 도저히 찾을 수 없어서, 어느 커다란 버스 터미널에서 사람들에게 전화를 부탁했다. 그랬더니 어느 분이 Host에게 전화를 직접 걸어주었고, 내가 있는 위치까지 상세하게 설명을 해주셨다. 덕분에 잠시 후 차를 몰고 온 Host와 만날 수 있었고, 멀고 먼 이날 여행을 마칠 수 있었다.

미친 듯이 저녁을 먹고 체코 맥주로 기분도 좋아진 나는 덕분에 깊은 잠을 잘 수 있었고, 다음 날 프라하 투어를 떠났다.

5월 1일(일). 드디어 예술과 낭만이 살아 숨 쉬는 프라하 시내 투어를 나왔다. 이날은 일요일인데다가 노동절[6] 휴일이기도 했기 때문에 거리는 수많은 인파로 북적였다.

---

[6] 미국에서 유래된 노동절(우리의 근로자의 날)은 전 세계적인 공휴일이기도 하다.

프라하에서 제일 먼저 갔던 곳은 프라하의 명소, 예술과 낭만이 살아 숨 쉬는 그곳! 바로 카를교(체 : Karlův most / 영 : Charles Bridge)다. 카를교는 프라하의 구시가지(Staré Město)와 말라스트라나(Malá Strana) 지구를 이어주는 보행자 전용 다리로서, 좌우로 늘어선 석상들이 인상적이다.

멀리 카를교가 보인다. 여기서도 다리 난간에 서 있는 석상들을 볼 수 있다.

다리 곳곳에 음악가, 화가, 조각가 등 많은 예술가들이 다리를 아름답게 수놓고 있었다. 이 다리의 예술가들은 모두 치열한 경쟁을 뚫고 공개 입찰을 통해 일정 구역의 자릿세를 내고 공연을 하시는 전문 예술가들이라고 한다. 그래서 그런지 공연의 질도 아주 높았고, 가판대에서 판매되는 작품의 완성도도 매우 높았다.

카를교의 입구에 있는 교탑. 교탑도 뭔가 아주 고풍스러움이 넘쳐 흐른다.

인파로 가득 차있는 카를교. 휴일에 찾은 카를교는 사람들과 함께 살아 숨 쉬고 있었다.

멋진 음악을 들려주던 거리의 음악가들.

프라하 성과 성 비투스 대성당이 보이는 이곳이 바로 사진 포인트였다.

카를교에서 가장 유명한 것은 바로 얀 네포무츠키 신부님의 성상이다. 이 성상에 얽힌 전설은 다음과 같다.

얀 네포무츠키(Jan Nepomucky)는 왕실 소속 신부였는데, 왕이 전쟁을 나간 사이 왕비가 바람을 피웠고, 양심의 가책을 느낀 그녀는 신부에게 고해 성사를 봤다고 한다. 그런데 이를 목격한 왕의 측근 신하가 왕에게 '왕비가 신부에게 고해 성사를 했다'는 사실을 일러바쳤고, 왕비를 의심하던 왕은 신부를 불러 고해 성사의 내용을 모두 털어놓으라고 이야기했다. 그러나 신부는 고해의 비밀을 지키기 위해 끝까지 아무 말도 하지 않았고, 화가 난 왕은 신부의 혀를 자른 채 카를교 다리 밑으로 던졌다고 한다.

그 일이 있은 후 나라에 좋지 못한 일들이 계속 생겼는데, 어느 날 블타바(Vltava) 강 위에 다섯 개의 별이 뜨고 그 별이 있던 자리에 얀 네포무츠키 신부의 시신이 떠올랐다고 한다. 그래서 그 시신을 건져내어 성당에 안치하자 나라에 평화가 다시 찾아왔다는 전설이 전해지고 있다.

사람들이 얼마나 만졌는지 저 부분만 반짝반짝하다.
누구든지 소원이 있다면, 카를교에 가서
소원을 빌면서 바로 이 부분을 만지면 된다.
"축하드립니다. 소원이 +1개 저장되었습니다!"

얀 네포무츠키 성상.
이 다리에서 가장 유명한 동상이다.
별이 5개면 돌침대가 아니라,
여기선 얀 네포무츠키 신부님!

성상 아래에 두 개의 부조가 있는데, 이것을 만지면 소원이 이루어진다고 전해진다. 왼편에 있는 개를 만지면 자신의 애완동물들에게 행운이 깃든다 하고, 오른쪽에는 다리에 거꾸로 매달린 얀 네포무츠키 신부와 왕비의 모습이 있는데, 신부를 만지며 소원을 빌면 자기 소원이 이루어지고, 왕비를 만지면 프라하에 다시 오게 된다고 한다. 나는 물론 한 번씩 다 만져 보았다.

카를교를 건너서 성 비투스 대성당으로 가는 길로 직진을 하다 보면 성 니콜라스 성당(Kostel sv. Mikuláše)이 나온다. 프라하에서 가장 아름다운 바로크 양식의 건물로 손꼽히는 이 성당에서 1787년 모차르트가 오르간 연주를 하기도 했다고 한다.

카를교의 반대편 끝부분. 저 수많은 사람들을 보니 갈 엄두가 나지 않았다. 저 길은 바로 프라하 성과 성 비투스 대성당으로 가는 길이다.

성 니콜라스 성당의 외관. 도심지에서 마치 보물찾기를 하는 느낌이다.

성 니콜라스 성당의 내부. 거대한 성당 내부는 전체가 하나의 아름다운 작품과도 같았다.

프라하의 생뚱맞은 관광지라 하면 바로 존 레논 벽(Zed' John Lennon)이다. 비틀즈의 멤버인 존 레논(John Lennon)의 이름이 붙은 낙서 가득한 벽, 장난스러운 곳 같지만 사실 그 안에는 공산주의 시절의 아픈 역사가 스며들어 있다.

이곳은 프라하 대수도원의 벽면인데, 공산주의 시절 체코의 반공산주의자들이 자유를 노래하는 비틀즈의 노래 가사와 자신들이 하고 싶은 이야기를 이곳에 그림과 낙서로 표현하기 시작했다. 제아무리 공산주의 정부라 하더라도, 체코 정부는 프라하 대수도원만큼은 건드리지 못했다고 한다. 그래서 사람들이 여기다 낙서를 하다가 경찰이 오면 담 너머 수도원으로 숨고, 경찰이 가면 다시 나와서 낙서를 하고 경찰이 오면 다시 숨는 것을 반복했다고 한다. 자유를 향한 탈출구였던 이곳은, 결국 오늘날 자유와 평화를 상징하는 관광지가 되었다.

이곳이 바로 존 레논 벽. 전 세계인의 낙서장답게 한글 낙서도 있었다. 누구에게나 열린 낙서장이다.

존 레논 펍의 모습.

존 레논 벽 옆에는 존 레논 펍(John Lennon Pub)이 있다. 이 펍에서 존 레논을 추억하며 한잔 하는 것도 좋겠지만, 이곳에는 또 다른 볼거리가 있다. 그것은 바로 벽에 있는 선과 숫자들.

그런데 이 선과 숫자들은 존 레논 벽과 마찬가지로 이곳의 또 다른 아픈 과거의 흔적이다. 카를교는 체코에서 가장 긴 강인 블타바(Vltava)강 위에 놓인 다리인데, 존 레논 펍이 있는 이곳은 블타바강과 인접한 곳이다. 문제는 이곳이 저지대라는 점이다. 벽에 적힌 숫자는 다름 아닌 블타바강이 범람한 연도이며, 선은 그 높이만큼 물이 넘쳤

2002년은 1층을 완전히 침수시켰다. 정말 어마어마하게 큰 홍수가 났던 모양이다.

다는 뜻이다. 벽의 제일 꼭대기에는 '14.8.2002'라는 숫자가 적혀 있다. 2002년 8월 14일.

그렇다. 바로 대한민국이 월드컵으로 후끈 달아올랐던 2002년, 이곳은 홍수로 난리가 났었던 것이다. 살짝 부동산 팁을 준다면, 이렇게 홍수가 종종 있다 보니 이곳 집값은 프라하 중심지임에도 불구하고 저렴한 편이라고 한다.

이어서 프라하 성으로 올라갔다. 프라하 성은 언덕 위에 자리하고 있어서 오르막을 제법 올라가야 했다.

프라하 성에 올라 바라본 프라하 전경. 산이 없고 시야가 탁 트여 있어서 좋았다.

성 안으로 들어가서 먼저 해야 할 것은 티켓 구매. 금액은 크게 성 안의 모든 곳을 다 돌아볼 수 있는 350CZK(약 17,500원)짜리 티켓과, 성 비투스 대성당, 구 왕궁, 성 이르지 성당, 황금 소로 등 주요 관광지만 둘러볼 수 있는 250CZK(약 12,500원)짜리 티켓으로 구분되어 있었는데, 나는 짧은 코스로 도는 것을 택했다.

티켓을 끊고 안으로 들어서자마자 시선을 압도하는 건물이 있으니, 바로 성 비투스 대성당(Katedrála sv. Víta)이었다. 비투스 대성당은 프라하 성 내부에 자리 잡고 있는데, 성당 정문 쪽은 길은 좁은데 사이즈가 너무 커서 나의 구형 카메라에는 성당 정면이 다 들어오지 않았다.

성 비투스 대성당 입구에서. 위의 둥근 장식이 바로 그 아름답기로 유명하다는 '장미의 창'이다

아래 사람들 크기와 성당 크기를 비교해보면 이 성당의 사이즈를 짐작할 수 있다. 정말 어마어마한 크기이다.

우뚝 솟은 첨탑과 깨끗하게 청소된 아랫부분. 아마 향후 몇 년 이내 저 위쪽도 청소를 시작하지 않을까?

성당 안을 들어서면 가장 먼저 시선을 끄는 것은 창문마다 멋지게 장식되어 있는 스테인드글라스 작품들이다. 이 성당에서 가장 크고 화려하게 빛나는 둥근 창을 '장미의 창'이라고 하는데, 총 2만 6천여 장의 유리를 서로 붙여서 만들었다고 전해진다.

햇빛을 받아서 붉게 빛나는 장미의 창 모습.

이곳의 스테인드글라스 작품들은 알폰스 무하(Alfons Maria Mucha, 1860.07.24.~1939.07.14.)라고 하는 작가가 만든 것들이다. 체코슬로바키아 출신의 위대한 화가인 알폰스 무하는 여러 작품을 남겼는데, 특히 이 비투스 대성당의 스테인드글라스가 그의 걸작 중 하나로 꼽힌다.

다양한 아름다움을 뽐내고 있는 스테인드글라스들.

성 얀 네포무츠키 신부님의 일화가 담긴 그림.

이 성당에는 성 얀 네포무츠키 신부님의 설화가 그려진 그림도 있다. 그림 속 흰 개는 성 얀 네포무츠키 성인이 유일하게 그 개에게 비밀을 이야기했다고 해서 등장하는 것이다. 그래서 카를교의 동상에서 개를 만지면 자기 애완동물의 소원이 이루어진다고 믿는 것이다.

성 얀 네포무츠키 신부님의 무덤 역시 이 성당 안에 있다. 이곳의 하이라이트라고 볼 수도 있는 이 무덤은 무려 2톤의 순은으로 만들어졌다고 한다.

얀 네포무츠키 성인의 무덤. 실제로 보면 진짜 더 거대하고, 멋지고, 화려하다. 머리 위를 보면 역시 별이 5개.

목판으로 만들어진 프라하 시내 지도. 가운데 다리는 카를교이다. 저 목판 지도의 지붕 수가 지금의 지붕 수와 거의 일치한다는데 믿거나 말거나.

2개 층에 걸쳐서
그 웅장한 위용을 뽐내는 파이프 오르간.

성 비투스 대성당의 내부. 워낙 거대한 성당이라 그런지 이렇게 보니 좀 휑한 느낌도 난다.

그렇게 성당 내부 구경을 끝내고 밖으로 나왔다. 거대한 성당을 한 컷의 사진으로 찍어보고 싶었는데, 아쉽게도 실패했다. 뒤쪽 건물 때문에 더 이상 뒤로 갈 수 없었기 때문이다. 망원 렌즈라면 아마 성공했을 텐데…. 정말 너무나도 아쉬운 순간이었다.

가로로 찍어보고, 세로로도 찍어보고. 갖은 노력을 기울여서 찍은 결과물. 어느 방향으로 해도 짤리는 것을 막을 수가 없었다.

성 이르지 성당의 수수한 외관. 내부도 역시 비투스 대성당에 비하면 소박하게 보인다.

다음은 비투스 대성당 옆의 성 이르지 성당(Bazilika sv.Jiří). 비투스 대성당을 보고 왔다면 이 성당이 작게 느껴질 수도 있지만, 이 성당이 보여주는 멋스러움 역시 예사롭지 않다. 성 비투스 대성당이 고딕의 뾰족함과 웅장함을 갖고 있다면, 성 이르지 대성당에는 붉은 채색이 가져다주는 색다른 멋이 숨어 있다. 좌측으로 이어진 건물은 현재는 미술관으로 사용되는 성 이르지 수도원(Jiřský Klášter Národni Galerie)인데, 수도를 하는 이들이 머물렀던 곳답게 외관이 아주 수수했다.

다음으로 프라하 성 안에 있는 황금 소로(黃金 小路/Zlatá Ulička)에 들렀다. 프라하 성 내 짧고 좁은 길에 알록달록 작은 집들이 줄지어 붙어 있는데, 17세기 무렵 이곳에 금을 만드는 법을 연구하던 연금술사들이 살았다고 해서 황금 소로라고 이름 붙였다고 한다. 예나 지금이나 황금은 누구나 갖고 싶었나 보다.

지금은 집집마다 기념품 상점이나 갑옷, 무기 박물관이 들어서 있다. 실제로 가보면 좁고 낮은 집이 빽빽이 붙어있고, 또 그 안을 수많은 사람들이 꽉 채우고 있다. 마치 호빗 마을에 온 느낌이 들었다.

집마다 번호가 붙어 있는데, 22번 집은 소설가인 프란츠 카프카가 잠시 살았던 집이라고 한다. 출입구는 성인 남성이라면 머리를 숙이고 들어가야 할 만큼 낮았다.

황금 소로 안의 집들. 고만고만한 크기의 집들이 다닥다닥 붙어 있다.

개인적으로 이 성의 하이라이트는 따로 있었는데, 내려오는 길에 배꼽을 잡고 웃으며 사진을 찍은 동상이 바로 그것이다. 저길 만지면 무슨 소원을 들어주는 것일까? 그 의문을 품은 채 만지지는 않았다.

이 동상에도 전설이 있지…. 전설은 비밀….

그렇게 프라하 성 투어가 끝이 났다. 다시 시내로 나와서 길을 걷기 시작했는데, 길가 상점에서 우연히 마주친 가게에 전시된 크리스털 지구본이 너무 멋들어지게 생겨서 사진을 한 장 찍어보았

5. 체코 153

다. 아마 이 녀석을 한국까지 잘 들고 갈 수 있었다면 바로 샀을 것이다. 내 마음을 사로잡은 작품이었다.

지구본 모양의 크리스털. 단연 돋보이는 작품이었다.

잠깐 작품에 취해 한참을 구경하고 나서 어디로 갈까 생각하며 길을 헤매던 나는 어느 한 지점에 이르러서 사람들이 엄청나게 모여 있는 것을 목격했다. 주변에 뭐 특별한 것도 없는 것 같은데, 사람들의 시선과 카메라가 모두 한곳을 향해 있었다. 그래서 옆 사람에게 물어봤더니 그 사람이 '넌 여기 그것도 모르고 왔냐?'는 표정으로 나에게 설명을 해주었다. 알고 봤더니 내가 있는 곳은 그 유명한 프라하 천문 시계(Pražský orloj)가 있는 곳이었고, 때마침 시계가 울리는 정각 시간이 다가오고 있었던 것이다! 그래서 나도 얼른 카메라를 꺼내 들었고, 동영상 촬영에 성공할 수 있었다.

프라하 천문시계의 모습. 정각에 울리는 시계를 보기 위해 수많은 사람들이 아래에 모여 있다.

이 시계에 얽힌 전설은 다음과 같다. 시계를 만든 이후 완성된 시계가 너무 아름다운 나머지 유럽의 각국에서 똑같은 시계를 만들어 달라는 주문이 쇄도하기 시작했는데, 프라하 시에서는 시계탑을 독점하고자 하는 욕심에 더 이상 시계를 만들 수 없도록 만든 이의 눈을 장님으로 만들어버렸다고 한다. 장님이 된 시계공은 자신이 만든 시계탑을 볼 수 없으니 만져나 보겠다는 생각으로 시계탑에 올라가 시계를 만졌고, 그때부터 시계는 이후 400년 동안이나 작동하지 않았다고 한다.

1410년 최초로 설치되어 오랜 기간 멈추었다가, 대대적인 보수를 거쳐서 시계가 다시 움직이기 시작한 것은 1860년부터라고 하는데, 오늘날 작동하는 천문 시계로는 세계에서 가장 오래된 시계라고 한다.

참, 바로 이 시계 쇼가 펼쳐지는 시간이 소매치기에게 당할 확률이 가장 높은 때라고 한다. 사람들이 모두 위쪽의 시계만을 바라보고 있기 때문에, 아래쪽에 놓인 소지품들은 무방비 상태인 것이다. 나도 그 이야기를 듣고 시계가 울릴 때 한 손으로 가방을 꼭 쥐고 관람했다.

이 시계탑 바로 옆에는 구시가지 광장(Staroměstské náměstí)이 있다. 이곳은 노동절 휴일을 맞이해서 밖으로 나온 수많은 사람들로 인산인해를 이루고 있었다. 관광객들뿐만 아니라 이날은 거리 공연도 곳곳에서 있었고, 노동절을 맞이해서 시위를 하던 분들도 있었다. 정말 세계 각국의 모든 이들이 이 광장에 나와 있는 듯했다. 그야말로 살아 숨 쉬는 광장이었다.

광장을 가득 메운 시위대의 모습. 이들의 행진은 즐거워 보였고, 시민들은 이 시위대를 위해 기꺼이 작은 불편을 감수하는 모습이었다.

광장 한쪽에는 관광객들을 위한 마차가 대기 중이었다. 좀 더 특별한 프라하 시내 투어를 원한다면 마차도 괜찮아 보였다.

얀 후스 동상

　이 구시가지 광장의 중심에는 거대한 동상 하나가 우뚝 서 있는데, 바로 체코에서 가장 존경받는 인물 중 하나인 얀 후스(Jan Hus)의 동상이다. 이 동상은 1915년에 얀 후스의 사망 500주년을 기념하여 만들었다고 한다. 그는 15세기 경 활동한 종교 개혁가인데, 가톨릭의 부패를 비판하다가 1415년 로마에서 화형을 당했다고 한다.

　그의 죽음은 이후 혁명의 불씨가 되었고, '후스 전쟁(1419~1434)'이라고 하는, 로마 교황청과의 전쟁까지 이어지게 되었다. 체코에서 가장 유명한 성당 중 하나인 쿠트나 호라(Kutna Hora)의 세들레츠 납골당(Kostnice Sedlec)[7]은, 바로 이 시기에 전쟁과 페스트로 인해서 수많은 사람들이 죽어나가자 묘지가 부족해져서 성당 내부에 유골을 쌓기 시작하면서 만들어진 것이라고 한다.

---

7) 이렇게 이야기하면 금방 알 것이다. '해골 성당'

어느 제법 큰 골목에서는 커다란 시장이 열려서 구경해 보았다. 시장의 이름은 '하벨 시장(Havelske Tržište)'. 역시 수많은 인파로 북적이던 이곳은 먹거리보다는 다양한 기념품이나 공산품 등을 중심으로 판매가 이루어지는 듯 보였다.

하벨 시장(Havelské tržiště)의 모습. 수많은 인파로 발 디딜 틈 없이 북적이고 있었다.

이렇게 파란만장한 프라하 투어가 끝이 났다. 정말 다양한 구경을 할 수 있었고, 많은 이들을 만날 수 있었으며, 색다른 경험을 했던 날이었다. 그리고 공휴일이라서 더욱 그랬는지 여태껏 방문한 그 어느 도시보다 수많은 인파로 북적이는 곳이었다.

하지만 무엇보다도 좋았던 것은 프라하가 선물해준 아름다운 경치와 멋진 사람들이었다. 어디를 둘러봐도 멋지고 화려한 건물들이 있었고, 사진을 부탁하면 모두가 흔쾌히 승낙을 해주고 사진을 찍어주는 그런 곳이었다.

프라하 시가지 내 골목의 모습. 정말 예쁘다는 말이 절로 나오는 풍경이었다.

나중에 Host의 집에 돌아올 때 탔던 전철의 차장이 힘껏 흔들어주던 손과 밝은 미소에서, 나는 프라하의 아름다운 향이 흠뻑 묻어남을 느낄 수 있었다.

5.4. 아름답고 조용한 시골길 라이딩!

2016년 5월 2일(월).
일정 : 체코 프라하(Praha) ~ 호르조비체(Hořovice)

프라하를 떠나 호르조비체(Hořovice)라고 하는 도시로 향했다. 이날도 역시 라이딩하기에는 아주 좋은 날씨였다.

체코의 시골 들판에 난데없이 나타난 텍사스 목장. 그렇게 많이 먹었는데도, 괜히 또다시 소고기가 당겼다.

체코 또한 도심지를 벗어나자 금세 드넓은 자연의 품 안으로 들어갈 수 있었다. 헝가리도 그렇고 오스트리아나 슬로바키아도 그랬고, 동유럽의 모습은 이렇게 도시의 빌딩보다는 시골 마을의 아기자기함으로 나에게 다가왔다.

이제는 하도 많이 봐서 그냥 그런가 보다 하고 지나치는 유채꽃은 이날도 어김없이 지천에 널려 있었다. 이제 예전처럼 오래도록 나의 시선을 잡아끌거나 그러지는 않았지만, 꽃이 가져다주는 향기의 여운은 오래도록 코끝에 남아 나를 행복하게 해주었다.

이날 달렸던 지역은 작은 언덕(산이라고 하기에는 조금 낮은 지역이었다)이 끊임없이 이어져 있었다. 즉, 하루 종일 오르막 내리막을 왔다 갔다 해야 했던 것이다. 어느새 페달을 굴리던 허벅지는 터질 듯 부풀어 올랐고, 나는 땀을 비 오듯 쏟기 시작했다.

저 멀리 작은 마을이 언덕 아래 숨어 있고, 그 뒤로 다른 언덕들이 솟아 있다.

이날 나는 목적지까지의 가장 빠른 길이 아닌, 조금 돌아가는 길을 선택했다. 왜냐하면 프라하의 Host가 적극 추천해준 성을 보러 갔기 때문이다. 때마침 이날이 월요일이라서 브라티슬라바의 경험이 떠올라 조금 걱정은 되었지만, '지금 아니면 언제 또 와 보겠냐'는 심정으로 일단 무조건 페달을 밟았다. 이날의 1차 목적지는 바로 카를슈테인 성(Hrad Karlštejn)이었다.

지금껏 봐왔던 그 어떤 도시의 입간판보다도 멋있었던 카를슈테인(Karlstejn)의 입간판. 아래 도시들은 자매결연 도시들인 듯하다.

드디어 도착한 카를슈테인 성(Hrad Karlštejn). 성이 위치한 곳은 어느 작은 마을의 언덕 꼭대기였다. 마을은 관광객들을 위한 기념품 가게, 호텔, 식당 등으로 가득했다. 그런데 묘하게도 사람이 거의 없었다. 아… 이곳도 월요일에는 문을 닫는구나. '왜 슬픈 예감은 틀린 적이 없나…' 예전에 즐겨 듣던 노래 가사가 귓가에 처량하게 울려 퍼졌다.

성과 마을을 배경으로 한 컷. 이날 이곳에서는 사람을 거의 볼 수 없었다.

혹시나 몰라서 성 담벼락을 따라가 봤는데, 길은 도중에 끊겨 있었다.
이때는 혼자가 아니었는데, 내 뒤를 따라온 그들도 굳게 닫힌 문을 보고 멘붕이 온 상태였다.

그렇게 자전거를 끌고 헉헉대며 언덕 꼭대기 성에 도착했는데, 역시나 슬픈 예감은 어김없이 들어맞고 말았다. 성이 문을 닫았던 것이다. 역시 유럽에서 월요일은 열심히 페달만 밟아야 하는 모양이다.

이렇게 이날 역시 나는 월요일의 마법에 걸린 채 아쉬운 발걸음을 돌려야 했다.

떠나가는 자는 뒤를 돌아보지 않는다 했지만, 어째 자꾸 뒤돌아보게 되는 성의 모습. 안에 들어가지 못했던 만큼 아쉬움이 많이 남아서 그랬나 보다.

그렇게 작은 아쉬움을 뒤로하고 다시 길을 떠났다. 체코는 그런 나를 위로하듯 아름다운 풍경들을 선물해 주었다.

프라하로 흐르는 블타바강의 가장 큰 지류인 베로운카(Berounka)강.

멀리 기차가 지나갔다. 내부는 텅텅 비어있는 듯 보였다.

길을 가다가 뭔가 멋진 작품이 나올 것 같아서 찍은 사진.

또다시 나타난 유채꽃 밭. 정말 끝도 없이 이어져 있었다. 평생 볼 유채꽃을 유럽에서 다 본 것 같았다.

시골길을 달리다가 점심을 먹을 만한 식당을 발견하기란 하늘의 별 따기다. 진작 식당에서 먹는 것을 포기한 나는 가방 안에 있던 비상식량을 꺼내 들었다. 이날의 점심은 전에 받았던 초콜릿과 오스트리아의 Host가 싸줬던 웨하스, 그리고 이날 아침에 새로 뜬 생수였다. 그야말로 다국적 고칼로리 식단이었다.

식사 장소는 예수님 옆. 초콜릿과 과자가 이날 식사의 전부였다.

이곳은 Nesvačily라고 하는 마을의 시작이고, 이곳은 Nesvačily 마을의 끝이다.

이윽고 도착한 호르조비체(Hořovice)는 아주 작은 도시였다.

이 도시에서는 호텔에서 묵었다. 광장 옆에 위치한 호텔이었는데, 크기는 작았지만 직원도 매우 친절했고, 무엇보다 가격이 아주 마음에 들었다. 1박에 750CZK(약 37,500원)밖에 하지 않았기 때문이다.

이날 묵었던 호텔. '젤레니 스트롬(Hotel Zelený Strom)'이라는 호텔이었는데, 위치가 아주 기가 막힌 곳에 있었다. 거의 도시 정중앙에 위치해 있었기 때문이다.

호텔 직원에게 부탁해서 도시의 지도를 한 장 얻었는데, 크게 볼만한 곳도 없고 그 직원도 딱히 추천해 줄 만한 곳이 없다고 이야기했다. 더군다나 오후 6시가 지나서 대부분의 상점들이 문을 닫을 시간이었기에, 그냥 발길 닿는 대로 돌아다니기로 결정했다.

호텔 바로 길 건너에 있던 멋진 건물. 시 문화 센터 겸 정보 센터라고 한다.

호텔 아래쪽에 있는
성당에 있던 석상.

잠깐의 마을 구경을 마치고, 호텔에서 추천해 준 식당으로 향했다. 이날 아침에 우연히 텍사스 글씨가 새겨진 광고판을 봤는데, 이날 저녁 메뉴를 말해주었던 것일까? 이 식당의 이름은 미국 분위기가 물씬 풍기는 '몬태나 그릴 바(Montana Grill Bar)'였고, 메뉴판에는 성조기가 펄럭이고 있었다.

처음 시킨 저녁 식사와 맥주.
맥주를 다 마셔서 새로 한잔을
더 시켰고, 요리를 다 먹어서
요리를 하나 더 시켰고,
나는 며칠을 굶은 사람처럼
폭풍 흡입을 했다.

이것저것 폭풍 주문을 끝내고, 잠시 후 요리가 나와서 식사를 시작했다. 고기는 입안에서 살살 녹고, 맥주는 막 계속 들어가고, 맥주를 다 마시니 고기가 남아서 맥주를 더 시켰고, 고기를 다 먹었더니 맥주가 남아서 요리를 하나 더 시키고. 오랜만에 또다시 먹방 찍을 기세로 먹기 시작했다. 지켜보던 주인도 눈이 똥그래져서 쳐다보았다. 아마 내가 그렇게 많은 양을 깔끔하게 먹을 줄은 몰랐던 모양이다.

자전거 여행 이후로 나는 늘 배가 고팠다. 특히 이날처럼 점심을 적게 먹은 날에는 더했다. 이날 저녁 식사는 나의 굶주린 배를 말끔하게 채워주고도 남았다. 그렇게 최고의 저녁 식사를 마치고 호텔 방으로 들어와서 꿀맛 같은 잠에 빠져들 수 있었다.

5.5. 플젠(Plzeň)에서의 성지 순례. 내 목을 적셔주던 시원한 맥주, 필스너 우르켈

2016년 5월 3일(화).
일정 : 체코 호르조비체(Hořovice) ~ 플젠(Plzeň)

호르조비체와의 짧은 만남을 뒤로하고, 다시 길을 떠났다. 이날의 목적지 플젠(Plzeň)은 필센(Pilsen)이라는 독일식 명칭으로 우리에게 더 잘 알려져 있다. 체코 서부 보헤미아 지방에 있는 플젠 주(Plzeňský kraj)의 주도인 이 도시가 중요한 이유는, 무엇보다도 세계인에게 사랑받는 맥주 필스너 우르켈(Pilsner Urquell)이 탄생한 곳이기 때문이다!

다른 곳은 모르겠고, 나에게는 오직 필스너 우르켈!

그런 플젠으로 간다고 아침부터 조금 흥분한 상태였다.

플젠으로 가는 길은 여느 날과 마찬가지로 한적한 시골 도로로 이루어져 있었다. 진짜 자연 속에서 달리는 느낌이었다.

파란 하늘, 푸른 들판, 울창한 숲이 조화를 이룬 체코의 시골길.

어느 작은 동네에서는 생전 못 보던 주의 표지판을 보았다. 다름 아닌 '말 주의 표지판!' 이곳은 우리나라와 달리 곳곳에 말이나 소가 조금 과장해서 발에 치일 정도로 많이 있었다. 그것도 어디 가둬 두고 키우는 것이 아니라 대부분 들판에 방목을 하면서 키우는 것 같았다. 때문에 왜 이런 표지판을 세워뒀는지 충분히 이해가 갔다.

말 주의 표지판과 함께 있는 30km 속도 제한 표지판.
오르막길이라 제한 속도는 저절로 지켜졌다. 내 이동 수단은 자전거였으니까.

우리나라에서는 보기 힘든, 그래서 더욱 내 마음에 오래도록 남은 길.
너른 들판 한가운데 길이 끝없이 쭉 뻗어 있었다.

좌우로 끝없이 들판이 펼쳐져 있고, 길이 앞쪽으로 끝없이 뻗어 있는, 우리나라에선 좀처럼 보기 힘든 길. 이런 길을 달릴 때면 힘들다는 느낌보다는 뭔가 '자유롭다'는 생각이 가장 먼저 들었다. 너무나도 아름다운 자연 속에서, 나 홀로 자유롭게, 누구의 눈치도 보지 않고 머릿속에 떠오르는 노래를 마음껏 외쳐 부르며 신나게 라이딩하던 그 모습. 지금 다시 그때를 떠올려 봐도 웃음이 절로 난다.

한편 이날은 가는 길에 공동묘지가 있어서 잠시 들렀다. 대부분 천편일률적인 비석으로 장식된 우리나라 공동묘지와는 달리, 이곳의 비석은 모두가 저마다의 개성을 뽐내고 있었다. 개인보다는 집단을 중요시하고 통일성을 덕목으로 여기는 우리의 문화와, 개개인의 자유를 존중하고 각 개인의 개성을 높은 가치로 여기는 유럽의 문화 차이가 무덤에서까지 나타나는 것 같았다.

불현듯 내 무덤에 그 누구보다도 독특하고 획기적인 비석을 디자인하거나, 멋진 인사말을 써놓고 싶다는 생각이 들었다. 아마 이것은 내 인생 마지막 버킷 리스트가 되리라.

똑같은 무덤이 하나도 없는 체코의 어느 공동묘지.
그들의 문화와 우리 문화의 차이는, 이렇게 죽음 이후의 모습에서도 엿볼 수 있었다.

여러 시골 마을을 지나 들판을 가로질러 달리다가 제법 큰 규모의 마을에 도착했다. 이곳에서 구경도 할 겸, 점심도 먹을 겸 해서 마을 안으로 들어갔다. 제일 먼저 들어간 곳은 거의 모든 마을의 중심에 위치하고 있는 성당이었다.

오스트리아에서의 휘황찬란했던 조각들에 비하면 꽤나 소박해 보이는 탑. 하지만 이 탑 역시도 간결하면서도 절제된 아름다움을 뽐내고 있었다. 그 뒤에 있는 건물이 이 마을의 성당이다.

성당 내부의 모습.

이 마을에서의 최고 볼거리는 다름 아닌 시장이었다. 성당 앞 마을 광장에 때마침 시장이 열렸는데, 대부분의 품목이 옷이었다. 이날은 시간도 여유롭고 해서 한번 천천히 시장을 둘러보았다.

마을 광장에 펼쳐진 시장.
뭐 사람 사는 곳은 다 거기서 거기인 듯하다.

시장을 둘러보다가 배꼽을 잡고 웃었는데, 그것은 바로
곱게 일 바지를 차려입은 마네킹 3개 때문이었다.

　　이곳에는 정말 웃긴 마네킹을 보았는데, 우리나라의 일 바지, 일명 몸빼와 꼭 닮은 옷을 입은 마네킹을 발견한 것이다. 일단 한바탕 큰 웃음을 지은 나는, 이 바지를 진지하게 한 벌 살까 잠깐의 고민을 했다. 체코 스타일 몸빼. 뭔가 멋지지 않은가?

　　사람들이 제법 많았던 시장을 나와서 한적한 곳으로 갔다. 학생들이 나오는 것으로 봐서 학교 건물인 듯했는데, 담벼락이 없고 탁 트여 있었다. 그래서 건물 앞 잔디밭에 있던 벤치에서 점심을 먹었다.

이날의 점심은 소시지 한 조각과
오렌지 하나였다.
오늘 역시도 뜻하지 않은
강제 다이어트 식단.

식사 후 길을 가다가 예쁜 경치가 나오면 멈춰 서서 카메라를 들고 사진을 찍었다. 이날 역시 하늘이 너무나도 아름다워서 아무 곳이나 대충 찍어도 그냥 다 멋진 사진 작품이 나왔다.

그냥 셔터만 눌러도 작품이 나오던 곳.

유채꽃 밭 너머 아담한 마을과 그림 같은 하늘.
하늘의 구름과 마을, 유채꽃, 이 모든 것들이 조화롭게 자신의 자리에 서 있었다.

마침내 도착한 플젠(Plzeň)! 벌써부터 심장이 뜨겁게 요동치는 것을 느낄 수 있었다.

분명 체코 내에서 좀 대도시라고 들었는데,
도시의 시작은 이렇게 목가적인 느낌이 물씬 풍기는 유채꽃과 함께였다.

고민할 것도 없이 첫 번째 목적지인 필스너 우르켈 공장으로 페달을 힘차게 밟았다. 필스너 우르켈 공장으로 가는 길에 감브리누스(Gambrinus) 공장도 마주쳤다. 플젠은 어느 한 곳 허투루 볼 수 없는, 곳곳이 신성한 땅이었다. 뭔가 땅을 파보면 지하수가 아닌 맥주가 나올 것 같은 느낌적인 느낌도 들었다. 아… 너무 나갔나?

필스너 공장으로 가는 길에 마주친 감브리누스 공장. 전날 프라하에서 호르조비체로 가는 길에 감브리누스 맥주를 한 캔 마셨었는데, 바로 이곳에서 만들어졌던 것이었다.

드디어 도착! 내가 이날 하루 너무나도 행복했던 이유! 생각하고 자시고 할 것도 없었다. 그저 직진만이 있을 뿐. 드디어 필스너 우르켈 공장에 도착했다.

건물 벽에 커다랗게 'Brewery Tours(양조장 투어)'라고 쓰여 있다. 200m 전방. 내 심장은 '그녀를 만나는 곳 100m 전'에 있는 것처럼 쿵쾅쿵쾅 뛰기 시작했다.

필스너 우르켈 공장 정문! 오랜 역사가 느껴진다.

방문자 센터의 모습

공장 투어는 체코어, 영어, 독일어, 러시아어 등을 선택해서 돌아볼 수 있는데, 각 언어별로 투어를 시작하는 시간이 정해져 있었다. 물론 단체 관광객이라면 편의를 봐주겠지만, 나처럼 개별적으로 오는 이들은 시간에 맞춰서 들어가야 했다.

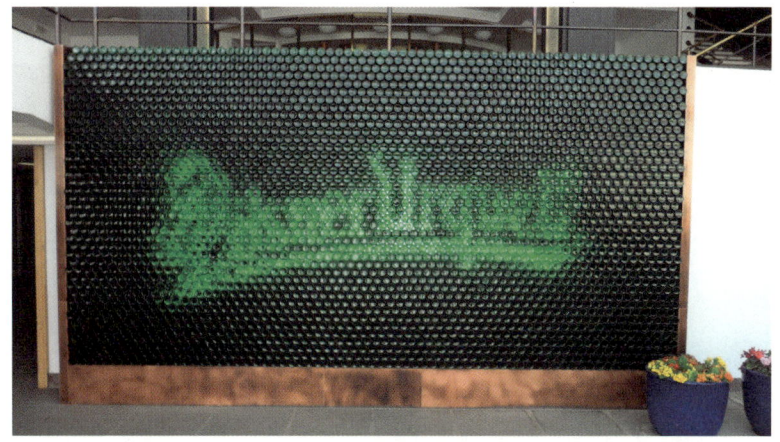

누가 맥주 공장 아니랄까 봐, 입구부터 심상치 않다.
맥주병을 아트의 경지로 승화시킨 작품이 반갑게 맞이해준다.

체코는 세계에서 맥주 소비량이 가장 많은 나라이며, 물보다 맥주 가격이 싼 곳이다. 맥주의 역사도 아주 오래되었는데, 이곳 맥주의 기원은 수백 년 전으로 거슬러 올라간다. 1842년에 이곳 플젠에서 황금빛 라거 맥주[8]를 처음 만들어 냈는데, 플젠의 독일식 명칭 필센(Pilsen)의 이름

---

8) 맥주는 크게 라거 맥주와 에일 맥주로 나뉜다. 경우에 따라 차이가 있지만 아주 간단하게만 설명하면, 라거(Lager) 맥주는 저온(5~10도)에서 하면 발효(下面 醱酵)를 하는 깔끔하고 청량한 느낌을 주는 맥주로서, 황금빛을 띠며 도수가 낮은 편이다.
에일(Ale) 맥주는 상온(15~25도)에서 상면 발효(上面 醱酵)를 하고, 향이 짙으며 강한 맛을 낸다. 도수도 대부분 라거 맥주에 비해 좀 더 높다.

을 따서 '필스너(Pilsner)'라는 이름으로 양조장을 만들었다. 이후 이 맥주가 대박이 터지고 여기저기서 필스너 맥주가 만들어지자 원조 필스너 맥주임을 자랑하기 위해 'Urquell(독일어로 원조, 기원이라는 뜻)'을 붙였다. 즉, Pilsner Urquell은 '플젠에서 만들어진 원조 황금빛 라거 맥주'라는 뜻이 담겨있는 것이다.

아름다운 맥주잔들의 향연! 진짜 집에 가져오고 싶은 아이템이었다.

짧은 필스너 우르켈 역사관 투어를 끝내고 밖으로 나왔다. 나의 방문을 환영하듯 이날은 화창하고 맑았다. 맥주를 물처럼 들이켜기에 가장 알맞은, 맥주 공장 투어에는 그야말로 최적의 날씨였다.

오랜 역사가 느껴지는 건물. 필스너 우르켈 양조장 건물이다.

멋진 디자인의 공장 투어 버스.
이 버스를 타고 현재 실제로 맥주를 생산하고 있는 생산 공장으로 향했다.

버스를 타고 잠시 후 필스너 우르켈 생산 공장에 도착했다. 그곳에는 이미 수많은 다른 관광객들이 투어를 하고 있었다. 공장 안에서는 병들이 부딪히는 소리가 쉴 새 없이 새어나오고 있었고, 우리는 그 소리에 이끌려 설레는 마음으로 공장의 심장부로 향했다.

아름다운 맥주병들의 향연.
필스너 우르켈 특유의 초록색 병들이 열 맞춰 나가며 경쾌한 소리를 내고 있었다.
병만 보면 우리나라 소주 공장 같기도 하다.

다음 방에서 만난 커다란 통 안에는 세계 각국의 동전들이 가득했다. 혹시나 하는 마음에 한국 동전을 찾아보던 나의 눈에 100원짜리 동전도 들어왔다.

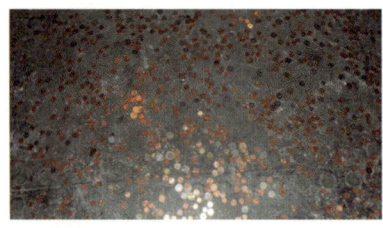 

여성 관람객이 통 안에 동전을 넣으려고 준비하고 있다.
통 안에는 반가운 100원짜리 동전도 있었다.

이어서 간 곳은 맥주 지하 숙성고. 이 투어의 하이라이트이기도 한 이곳은 지하답게 제법 서늘했다. 라거 맥주는 저온에서 효모가 발효되어 만들어지기 때문에 이렇게 서늘한 곳에 보관한다고 한다. 오랜만에 긴팔 옷이 생각나는 순간이었다.

전통 방식 그대로의 맥주들이 보관되어 있는 지하 숙성고로 가는 길. 1839라는 숫자가 이곳의 오랜 역사를 말해주고 있다.

이곳은 자연 동굴이 아닌, 광산처럼 인간이 인위적으로 뚫은 지하 동굴이다. 한쪽에는 건설 당시의 장면을 보여주는 마네킹이 전시되어 있다.

지하 창고의 규모는 상상을 초월하는 크기였다. 지도가 그려진 옛날 그림을 보여주는데, 봐도 어디가 어딘지 모를 정도였다. 때문에 이곳에서는 길을 잃지 않도록 주의해야 한다.

이어서 전통 방식 그대로 맥주가 숙성되고 있는 곳에 들어갔다. 그곳에는 사람의 키를 훌쩍 넘는 거대한 통들이 줄지어 서 있었다. 그야말로 장관이었다. 기술이 발전하면서 시설의 현대화를 이루긴 했지만, 이렇게 전통 방식의 맥주도 생산하면서 필스너 우르켈 원형의 맛을 유지하기 위해 노력하는 그들의 모습이 아름다웠다.

방을 가득 메우고 있는 수십 개의 맥주 통들.
저것들 중에 하나만 집에 가져갈 수 있다면 영혼도 팔 것 같다.

길고 긴 투어의 막바지, 드디어 기다리고 기다리던 순간이 찾아왔다. 바로 전통 방식대로 만든 맥주 시음! 바로 이 공장 투어의 모든 것이라고 할 수 있는 그 순간이 찾아온 것이다!

직원 분이 맥주 통에서 직접 맥주를 따라주고 있다. "저는 거품 빼고 가득이요!"

가이드가 말하길, 맥주 좋아하는 사람은 빨리 받아서 한 잔 마시고 재빨리 다시 줄을 서서 한 잔 더 하라고 팁을 알려주었다. 나는 당연히 가이드의 말을 따라 한 잔 하고 줄을 서서 또 한 잔을 받았다. 투어에 참여한 모든 이들이 함께 건배를 외치며 즐겁게 한 잔씩 했다. 이곳에서 받아든 맥주는 시중에 판매되는 맥주보다 더 진하면서도 살아 있는 느낌이었다. 진짜 생맥주의 진수를 보여주는 맥주였다. 냉장고에 보관된 것도 아닌데 지하 저장소의 서늘한 기온 덕분에 무척 시원했으며, 목 넘김 또한 부드러웠다. 체코의 맥주 소비량이 왜 세계 최고인지 절로 수긍이 가는 현장이었다.

필스너 우르켈 공장 투어는 그렇게 즐거운 추억과 함께 끝이 났다.

공장을 나서는데 경비 아저씨께서 나에게 이런 명언을 남겨주셨다.

"자전거 여행을 하려면 물통에 물을 채워서 다니면 안 된다. 필스너 우르켈 맥주를 물통에 가득 넣고 다녀라!"

필스너 우르켈 공장은 그런 곳이었다. '맥주로 시작해서 맥주로 끝나는 곳.'

지금으로부터 100여 년 전인 1907년 세워진,
지극히 필스너 우르켈스러운 색으로 꾸며진 급수탑을 바라보며 즐거웠던 공장 투어를 마쳤다.

5.6. 플젠, 그리고 보헤미안 랩소디(Bohemian Rhapsody)

2016년 5월 3일(화) ~ 4일(수)
일정 : 체코 플젠(Plzeň)

    필스너 우르켈 공장에서의 감동적인 견학을 마친 나는 플젠 Host의 집으로 향했다. 그들은 아주 열정적이고 재미있는 젊은 부부였는데, 그날 밤 친구들과의 모임이 있다며 함께 가지 않겠냐고 묻는 것이 아닌가. 나는 당연히 "Okay, Let's go!(좋아, 가자!)"를 외쳤다. 체코에서는 쉴 새 없이 맥주를 마셔줘야 한다. 그게 맛있는 맥주를 대하는 예의이기도 하다.

    한참을 걸어서 도착한 곳은 어느 호프집. 하나둘씩 친구들이 모이기 시작했다. 누가 먼저랄 것도 없이 다들 맥주를 주문했고, 테이블에는 각양각색의 맥주들이 놓였다.

7개의 잔, 그리고 7종류의 맥주. 그냥 동네 호프집에도 우리나라 대형 맥줏집 뺨을 후려칠 정도의 다양한 맥주들이 있었다.

우리나라 생맥줏집에서 흔히 하는 '사장님, 여기 500 한 잔 주세요!' 이런 주문은 여기 없었다. '어느 맥주 몇 ml짜리 한 잔 주세요' 이렇게 주문을 해야 한다. 어느 맥줏집이건 간에 여러 종류의 맥주가 준비되어 있었고, 각 맥주마다 전용 잔이 있었으며, 잘 몰라서 사장님께 물어보면 맥주에 맞는 안주도 추천해 주었다.

이곳에서 인상 깊었던 것이 또 하나 있었는데, 바로 일상화된 더치페이였다. 각자 마신 술과 안주의 가격이 적힌 용지를 받고, 각자가 마신 것은 나갈 때 각자 계산하면 되었다. 안주도 왜 이렇게 저렴한가 했더니 딱 1인분만 나왔다. 대부분이 안주를 시키지 않는데, 나는 뭔가 입이 심심해서 안주를 시켰었다. 시킨 것을 혼자 먹는 게 아직 어색했던 나는 옆 친구들에게 같이 먹자고 제안을 했고, 그들은 고마워하면서 함께 안주를 먹었다. 그러면서 나에게 보통 자신들은 안주 없이 술만 마신다고 했다.

처음에 이 친구들과 대화를 나눌 때는 서로 다른 언어 탓에 의사소통에 어려움이 조금 있었는데, 함께 맥주를 마시며 건배를 외치면 외칠수록 서로 말도 많아지고 신기하게도 조금씩 체코어가 귀에 들어오기 시작했다. 영어도 더 잘되는 것 같았다. 그 친구들과 어느새 오랜 친구처럼 농담도 하면서 이런저런 이야기를 주고받았다. 이날은 정말 오랜만에 맥주로 취한다는 느낌을 받았다. 함께여서 더욱 즐거운 그런 밤이었다.

다음 날, 느지막이 일어나 도심 투어를 떠났다. 비도 오락가락하고 숙취도 조금 있고 해서 나오기가 귀찮았지만, 이대로 이 멋진 도시를 지나칠 수는 없었다.

플젠의 거리 모습. 우리나라에선 사라졌지만, 유럽에는 아직 전차가 많이 운행되고 있다. 중앙선 침범은 상상도 못할 것 같다.

도시를 거닐다가 우연히 어느 전시회장을 지나게 되었다. 안내판을 보아하니 2015년도에 작품 전시회를 했고, 지금까지 이곳에 전시를 하고 있는 듯 보였다.

Restart(재시작, 재출발)라고 쓰인 것을 보니 재활용품을 이용해 예술 작품들을 만든 모양이다.

'어서 오세요'의 체코어, 영어, 독일어. 독일과 가까운 지역이라 그런지 곳곳에서 독일어를 심심치 않게 볼 수 있었다. 하긴 필스너 우르켈도 독일어 단어다.

5. 체코 191

비가 한 번 다시 거세게 왔다가 잠시 후 그쳤다. 하늘이 갠 후 넓은 전시장을 돌아다니며 사진을 찍기 시작했다. 그 넓은 전시장에 홀로 있었기에, 자유롭게 돌아다니며 작품들을 감상할 수 있었다.

전시장에 있던 작품들. 고철을 이용한 여러 작품들을 볼 수 있었다.

전시장 구경을 마친 후, 나와서 길을 걷다가 어느 현대식 건물 앞에 있는 멋진 동상과 마주쳤다. 이 카리스마 넘치게 생긴 동상에 딱 어울리는 이름이 하나 떠올랐다.

내가 지어낸 이 작품의 이름은 '차도녀'. 표정이 딱이었다.

이어서 찾아간 곳은 플젠의 중심 '공화국 광장(Náměstí Republiky)'. 이 광장은 아주 넓었는데, 광장 주위로 아름다운 건물들이 빼곡히 들어차 있었다. 광장 가운데에는 거대한 성 바르톨로메오 대성당(Katedrála svatého Bartoloměje)이 있고, 성당 뒤쪽에는 성모 마리아 기념비(Mariánský sloup)가 있다.

광장에 위치한 성 바르톨로메오 대성당. 비가 내리는 광장의 오후는 좀 한산한 모습이었다.

삼위일체 기념비가 있는 부분을 제외한 광장의 귀퉁이 부분에는 심플한 디자인의 황금 분수대(Goldene Brunnen)가 각각 자리 잡고 있다.

광장 안에 있는 성 바르톨로메오 대성당(Katedrála svatého Bartoloměje)은 체코에서 세 번째로 큰 성당이자, 높이로는 가장 높은 103m의 첨탑을 자랑하는 거대한 성당이다. 13세기 말 고딕 양식으로 지어지기 시작한 이 성당은 1529년 완공되었다고 한다.

성당 내부에는 중앙 제대 뒤쪽으로는 1390년 만들어진, 체코에서 가장 아름답다고 손꼽히는 마돈나[9]상인 '플젠의 마돈나'상이 있다.

---

9) 마돈나(Madonna)는 '귀부인'이라는 뜻의 이탈리아어로서, 성모 마리아를 나타낸 작품을 가리키기도 하는데, 성모 마리아를 지칭할 때는 꼭 앞 글자 M을 대문자로 표기한다.

성당의 입구.
커다란 성당의 규모에 비하면
작고 수수한 모습을 하고 있었다.

내부 역시 크게 화려해 보이지는 않았다.
중앙 제대 뒤쪽 가운데에 조명으로 밝게
빛나는 것이 바로 '플젠의 마돈나'상이다.

성당에 도착한 시간이 오후 4시경이었는데, 하필 그때가 성당 문을 닫는 시간이었는지 직원분이 관람객들에게 나가달라고 재촉하는 바람에, 성당을 둘러볼 새도 없이 쫓기듯 나와야 했다. 나는 언제 다시 볼 수 있을지 모를 이곳을 뒤로하고 진한 아쉬움을 남긴 채 발걸음을 돌려야 했다.

성당 뒤쪽에는 플젠의 시청 건물이 있다. 매우 독특하고, 화려하게 장식된 이 건물은 1606년에 루돌프 2세 황제를 위해 지어진 이 지역 최초의 르네상스 양식 건물이라고 한다. 옆 건물들과 비교하면 지붕과 벽면이 얼마나 화려하게 장식되어 있는지 한눈에 알 수 있다.

플젠 시청 건물의 모습. 청사 자체가 역사와 문화의 산증인 역할을 하고 있다.

마리아 기념비의 모습. 높은 석주 기둥 위에 금빛 성모자상이 세워져 있다.

광장 한쪽에는 성모 마리아 기념비 (Mariánský sloup)가 있다. 높다란 기둥 위에 성모 마리아가 아기 예수님을 안고 있는 형상의 이 금빛 기념비는 14세기에 유럽을 휩쓸었던 흑사병(페스트)이 이곳 플젠에서는 맹위를 떨치지 못하고 지나가서 이를 기념하고자 세워진 것이라고 한다.

광장을 둘러싼 건물의 모습. 다채로운 색의 건물들이 모여 마치 무지개를 연상시킨다. 정말 아름다워 보였다.

광장을 나와서 찾아간 곳은 전날 Host가 알려준 플젠의 색다른 관광지 벨카 시나고그(Velká synagoga)[10]였다. 벨카(Velká)는 체코어로 '큰, 거대한'이라는 뜻이 있는데, 그만큼 크고 거대한 유대교 회당이다. 체코에서는 가장 크고 전 세계에서 3번째로 큰 유대교 회당이라고 한다.

이렇게 큰 시나고그를 가질 정도로 이 지역의 유대인들은 자유를 누리며 살았는데, 2차 세계 대전 시 나치 독일에 의해 나라가 합병된 이후 이곳 유대인들도 학대를 피하지 못했고, 이 건물 역시 오랜 기간 폐허로

---

10) 시나고그(영 : Synagogue)는 유대교 회당을 뜻한다. 유대인 종교 생활의 중심인 유대교 회당은 유대인 공동체의 정신적·종교적 구심점 역할을 수행했다.

방치되었다. 그 후 체코 정부의 지원 아래 복원 사업이 펼쳐져 1998년 복원 공사가 마무리되었고, 오늘날 다시 유대교 회당으로서의 역할을 하고 있다고 한다.

시나고그의 전경. 대부분의 종교 건축물들은 따로 떨어진 곳에 독립된 건물로 지어져 있는 경우가 많은데, 이 시나고그는 그 커다란 크기에도 불구하고 다른 건물들과 붙어 있었다.

벌써부터 머리가 아파오는 히브리어의 향연. 히브리어는 한글과는 달리 오른쪽에서 왼쪽으로 읽는다. 굳이 읽으려고 애쓸 필요 없다. 어차피 한국인 중 99.99%는 한 글자도 읽지 못할 테니까.

이곳 회당의 스테인드글라스는 여러 그림들이 묘사된 성당의 스테인드글라스와는 확연히 다른 모습을 하고 있었다. 얼핏 단조로워 보이기도 하는 반복적인 패턴들이 그려져 있다. 이 스테인드글라스를 통해서도 성상이나 그림을 철저히 배제하는 유대교의 특성을 엿볼 수 있다.

2층 제일 뒤쪽에서 바라본 회당의 모습. 성당이 화려함을 자랑한다면, 이곳은 절제미를 뽐내고 있다.

의자마다 새겨져 있던 '다윗의 별.' 꼭짓점이 6개인 이 별은 유대인들의 상징이다. 오늘날 이스라엘 국기에도 이 별 모양이 들어가 있다.

유대교 회당은 이곳이 첫 방문이었는데, 내부 장식에 쓰인 여러 문양이나 디자인이 상당히 독특한 느낌으로 다가왔다. 각종 장식들이 모두 굉장히 규칙적이고 딱딱 들어맞는다는 느낌이었고, 성당에서 흔히 볼 수 있던 그림이나 성상들은 그 어디에도 존재하지 않았다. 유대인들은 그림이나 성상들을 세워두고 기도하는 것을 모두 우상 숭배로 여겨서 절대 하지 않기 때문이다.

회당 1층에서 2층으로 올라가는 계단에는 수많은 사진들이 전시되어 있었는데, 다름 아닌 유대인들의 가슴 아픈 역사를 보여주는 사진들이었다. 그들이 이 성전을 짓기 위해 어떤 노력을 했고, 세계 대전의 피바람과 나치의 박해 아래서 어떠한 고난을 겪었는지 보여주는 사진들을 보면서 절로 숙연한 마음을 가짐과 동시에, 비슷한 시기에 역시 아픈 역사를 겪은 우리나라의 과거가 자연스럽게 떠올랐다.

독일과 일본이 서로 너무나도 다른 점이 있다면, 독일은 주변국과 유대인들에게 끊임없이 사죄하고 있지만, 일본은 과거의 잘못을 끊임없이 부정하고 있다는 점일 것이다. 다시는 그런 일들이 일어나지 않기를 바랄 뿐이다. 그리고 역사의 가해자들이 하루 빨리 진심어린 속죄를 하길 바라 본다.

이렇게 나의 첫 유대교 회당 여행은 끝이 났다. 처음 가본 유대고 회당은 크게 볼 건 없었지만 이곳을 둘러보는 내내 그들의 아픈 역사와 우리의 아픈 역사가 뭔가 통하는 것 같아서 마음이 숙연해짐을 느꼈다.
그리고 회당 곳곳에 쓰인 히브리어는 진짜 '서양인들이 한글이나 중국어를 처음 보면 이런 느낌일까?' 하는 생각이 들게 만들었다. 정말 가까이 하기엔 너무 먼 언어였다.

이 시나고그 바로 맞은편에는 J.K. Tyla 극장(Divadlo J.K. Tyla)이 있다. 이 극장은 플젠의 메인 극장인데, 1899~1902년 사이에 신르네상스 스타일로 지어졌다고 한다. 매년 드라마, 오페라, 발레, 뮤지컬 등 다양한 공연이 열리는데, 이곳 역시 늦은 시간이 아님에도 문이 굳게 닫혀 있었다. 플젠은 다들 일찍 문을 닫는 모양이다.

극장의 모습. 유럽의 극장들은 다들 이렇게 하나같이 멋진 모습을 하고 있었다.

이어서 찾아간 곳은 그냥 지나가다가 들른 '플젠 교구의 교회 미술 박물관(Muzeum církevního umění plzeňské diecéze)'이었다. 사실 이곳은 이름도 모르고 그냥 무작정 들어간 곳이었다. 처음에는 지나가는 길에 성당이 있길래 그냥 들어갔는데, 문이 닫혀 있어서 나오려던 찰나에 열려 있는 옆문을 발견했고, 안쪽에 예술품들이 잔뜩 있는 것 같아서 들어가게 된 곳이었다. 이곳이 박물관이라는 것은 나중에야 알게 되었다.

처음에는 그냥 보헤미아 지역[11]의 특색 있는 예술품들을 모아놓은 곳

---

11) 보헤미아(Bohemia)는 모라바 지역, 슬레스코 지역과 함께 오늘날 체코 공화국을 구성하는 세 지방 중에 하나다. 보헤미안(Bohemian)은 원래 보헤미아 지방 사람이라는 뜻이다.
이곳에 집시가 많이 살았기 때문에, 프랑스인들은 집시를 보헤미안이라 부르기 시작했고, 이 단어는 자유로운 삶을 사는 집시들 덕에 후에 자유분방한 삶을 사는 예술가, 배우, 문학가 등을 가리키는 대명사가 되었다.
영국의 전설적인 록그룹 퀸(Queen)의 '보헤미안 랩소디(Bohemian Rhapsody)'가 대히트를 치면서 보헤미아는 자유의 상징으로 더욱 널리 알려지게 되었다.

인 줄 알았는데, 나중에 알고 보니 내가 들어갔던 성당은 프란치스코 수도회의 '성모 승천 성당(Kostel Nanebevzetí Panny Marie)'이었고, 박물관은 가톨릭 관련 물품들을 전시해 놓은 곳이었다. 어쩐지 매표하시는 분이 표를 끊으려 하는 나에게 '이런 곳을 다 들어오다니 대단한데?' 하는 눈빛을 보내며 놀라워할 때 눈치를 챘어야 했는데….

티켓을 구매한 후에 본격적인 구경에 나섰다. 티켓도 자세히 보지 않아서 이때까지도 이곳이 플젠의 교회 미술 박물관인 줄은 몰랐는데, 박물관 내의 전시 물품들을 보자마자 '아, 지금 내가 이런 곳에 있구나' 하는 것을 금방 알게 되었다. 모든 전시물들이 가톨릭 교회 미술 및 전례와 관련된 것들이었기 때문이다.

좁고 길게 생긴 성당 입구.
내부도 비슷한 모습을 하고 있다.

성당의 바깥 출입문. Anno Jubilaei MCMXXV는 '서기 1925년' 정도로 해석된다.
아마도 그때 이 문이 세워졌나 보다.

여러 가톨릭교회 관련 미술품과 전례용구들.

예수님의 얼굴과 플젠의 성 바르톨로메오 대성당이 그려진 멋진 그림.

이렇게 다양한 플젠 투어를 마치고 Host의 집으로 돌아오는 길에 대형 체육관 하나를 발견하였다. 플젠 아이스하키 팀이 홈구장으로 사용하고 있는 아이스 링크라고 했는데, 겨울이 길고 추워서 그런지, 역시 겨울 스포츠가 많이 발달해 있었다. 상남자들의 겨울 스포츠인 '아이스하키'가 그중 가장 인기가 많은 스포츠라고 친구가 말해주었다. 그래서 다음 동계 올림픽은 우리나라 평창에서 열린다니까 그 친구 입에서 튀어나온 질문은 "한국에도 눈이 내리냐"였다.

이곳이 바로 플젠 아이스하키 팀이 사용하는 아이스 링크. 꽤 거대한 체육관이었다.

이렇게 뜻하지 않게 예술혼을 불태우며, 체코에서의 마지막 밤도 저물어 갔다. 물론 시원한 맥주 한 잔과 함께.

5.7. 체코와의 아쉬운 작별 그리고 만난 독일 맥주

2016년 5월 5일(목)
일정 : 체코 플젠(Plzeň) ~ 독일 바이드하우스(Waidhaus)

한국은 어린이날이었던 이날, 될 수 있으면 일요일에만 쉬기로 일정을 정했던 나는 이날도 어김없이 페달을 밟았다. 이날은 수많은 맥주와 맛있는 요리들로 오랫동안 나의 눈과 입을 즐겁게 했던 체코를 떠나 독일로 넘어가는 날이기도 했다. 이는 저렴한 물가를 자랑하는 동유럽 코스가 끝나서 앞으로 맥주를 비롯한 각종 물가가 훌쩍 뛸 것이라는 아주 슬픈 뜻이기도 했다.

사실 나의 계획은 물가가 더 싼 체코 국경 근처에서 1박을 더 하는 것이었는데, 자전거를 타고 조금만 더 가야지 조금만 더 가야지 하다가 그냥 독일로 넘어가게 되었다.

자전거로 달리기에 너무나도 완벽했던 이날 날씨. 너른 들판 너머로는 유채꽃 밭이 어김없이 나타났고, 간간이 나타났던 시골 마을은 늘 상상만 했던 아름답고 평화로운 풍경 그 자체였다.

한참을 달리던 중 아름드리나무에 흰 꽃이 피어있는 것을 발견했다.
푸른 하늘과 하얀 꽃나무, 노란 유채꽃이 멋진 조화를 이루고 있던, 한 폭의 수채화 같은 풍경이었다.

이날 달렸던 길 역시 너른 들판과 숲길이 반복되는 시골길이었다. 자연의 향기를 맡으며 달리다 보니 어느새 점심시간이 다가와서 도로 옆에 벤치를 하나 잡아 점심을 먹었다. 이날 점심 메뉴로는 플젠의 Host가 입이 심심할 때마다 먹으라며 준, 직접 만든 수제 소시지도 있었다.

이날 점심을 먹었던 곳.
어느 시골길 들판 위에 있던
벤치에서 점심을 먹었다.
맑은 공기와 아름다운 경치는
물론 공짜였다.

점심을 먹고 힘을 내며 달리던 나는 작은 조랑말 가족도 만났다. 평화로이 풀을 뜯는 모습이 정말 행복하게 지내는 것 같았다.

한가로이 풀을 뜯는 조랑말 가족.

이날 마주친 풍경들은 계속해서 자전거 페달을 멈추게 했다. 너무나도 경치가 아름다웠기 때문이다. 그 모든 경치들을 다 담아올 수 없다는 사실이 너무나도 안타까웠지만, 될 수 있는 대로 멋진 경치가 나왔다 싶으면 멈춰 서서 카메라를 들고 셔터를 눌러댔다. 도로가 매우 한산하고 지나다니는 사람이 거의 없었기에, 여유롭게 도로 한복판에서 사진을 찍을 수 있었다.

체코의 멋진 가로수길. "예술 점수 10점, 도로 포장 10점, 날씨 10점! 총 30점 만점 획득하셨습니다!!!"

체코의 고속 도로. 굉장히 한산하다.

5. 체코 209

아주 작은 시골 마을에 들르기도 했다. 독일 국경에 가까워질수록 마을들이 더욱 작아지고 좀 낡은 느낌이 많이 들었는데, 젊은이들이 독일이나 대도시로 옮겨가서 그런 것이 아닐까 하는 생각이 들었다.

오랜 기간 관리를 받지 않은 듯한 성당 건물.
성당 앞에는 어김없이 작은 광장이 조성되어 있었다.

마을을 지나서 나타난 넓은 목초지에는 말이나 소 등 가축들이 자유로이 풀을 뜯고 있었다. 사실 유럽에 와서 아직 좁은 축사에 갇혀 있거나 묶여 있는 말이나 소를 한 번도 보지 못했다. 물론 이곳에도 이 가축들을 가두는 축사가 있겠지만, 이들이 뛰노는 곳은 주로 넓고 푸른 자연이었다.

너른 들판에서 자유로이 풀을 뜯고 있는 말과 소들. 내 눈에는 정말 자유롭고 건강해 보였다.

빽빽이 들어찬 나무들 사이로 이어지는 숲길.
처음에는 이 숲길로 들어가는 것이 조금 무섭기도 했는데,
언제부터인가 새들의 지저귐도 들을 수 있으며,
그늘도 많고 시원한 바람이 부는 이곳이 마음에 들기 시작했다.

지도상에서 체코의 마지막 마을에 도착한 나는, 저렴한 숙소를 찾아보기 시작했다. 그런데 생각보다 가격이 너무 비쌌다. 하룻밤에 39€(약

51,000원)를 달라는 것이 아닌가! 그래서 다른 곳을 좀 더 찾아보다가 그냥 국경을 넘어가기로 결심했다. 이왕 비싼 돈 들일 거면 조금이라도 더 달려서 독일 쪽으로 넘어간 후 숙소를 구하자고 마음먹은 것이다.

그래도 밥은 체코에서 먹기로 했다. 경제 대국인 독일 물가에 대한 선입견으로 인해, 독일에서 먹는 것보다는 체코에서 먹는 것이 저렴할 것이라고 예상했기 때문이었다. 물론 남은 체코 코루나(CZK)를 모두 사용하기 위한 목적도 있었다.

국경 근처에서 멋진 식당을 발견했고, 위풍당당하게 '다 먹어버리겠다'는 표정으로 식당에 들어갔다. 사실 그때까지만 해도 독일, 프랑스 등은 물가가 비싸서 그곳에 가면 동유럽만큼 많이 먹지 못할 것이라는 걱정이 있었고, 체코에서의 이 마지막 식사를 유럽에서의 마지막 만찬 정도로 생각하고 있었다. 물론 지금 생각해보면 기우에 불과한 것이었지만.

체코에서의 마지막 식사를 하게 된 식당. 외관도 아주 그럴듯하다.

독일식 돼지 족발 요리인 슈바인스학세(Schweinshaxe)와 맥주 한 잔, 수프 등을 시켰다.

일단 식당 주인에게 이 가게에서 가장 비싸고 맛있는 요리를 추천해달라고 했다. 그랬더니 주인은 '슈바인스학세(Schweinshaxe)'를 추천해주었다. 나중에야 알았지만, 이 슈바인스학세는 독일을 방문하면 꼭 먹어야 하는 바이에른 지방의 전통 있는 요리였다. 아마도 이곳이 독일 국경과 인접한 곳이라서 이 요리가 있는 듯했다.

수프는 원래 잘 먹지 않던 것인데, 여행을 시작한 이후로 몸을 따뜻하게 녹여주는 수프의 매력에 흠뻑 빠져서 한 그릇 시켰다. 나는 주인장에게는 '하루 종일 자전거로 달려서 배가 아주 고프니 아주아주 맛있게 해달라'고 부탁했고, 주인장은 '최선을 다해서 요리를 내오겠다'고 약속했다. 그렇게 주인장이 최선을 다해준 요리가 나왔는데, 그것은 정말이지 고기가 솜사탕처럼 입안에서 살살 녹아내리는, 도저히 상상할 수 없는, 어떠한 말로도 담아낼 수 없는 멋진 맛이었다.

그렇게 체코에서 마지막 만찬을 즐긴 나는 다시 페달을 굴렸다. 저녁 식사 후 즉석에서 정한 목적지는, 독일에서 만나는 첫 번째 도시의 첫 호텔! 그렇게 대충 마음 속 목적지를 정해놓고 다시 열심히 페달을 굴리기 시작했다.

식당에서 얼마 안 가서 만난 면세점. 유럽에서 처음 만나는 면세점이었다.

독일로 넘어가기 직전 마지막으로 체코 쪽으로 되돌아보고 찍은 사진. 카지노 광고 간판이 선명하다. 후에 독일 친구들에게 이야기를 들어보니 독일보다 상대적으로 싼 물가 덕분에 이 체코의 국경 마을에는 카지노, 마사지 숍, 유흥 주점 등 독일인들을 대상으로 한 가게들이 많다고 했다.

맛있는 저녁 식사를 마지막으로, 친절하고 재미있는 친구들과 맛있는 맥주와 음식들, 유채꽃의 향기와 아름다운 풍경들로 나의 오감을 만족시켜 주었던 체코와 작별을 하게 되었다.

6.
독일

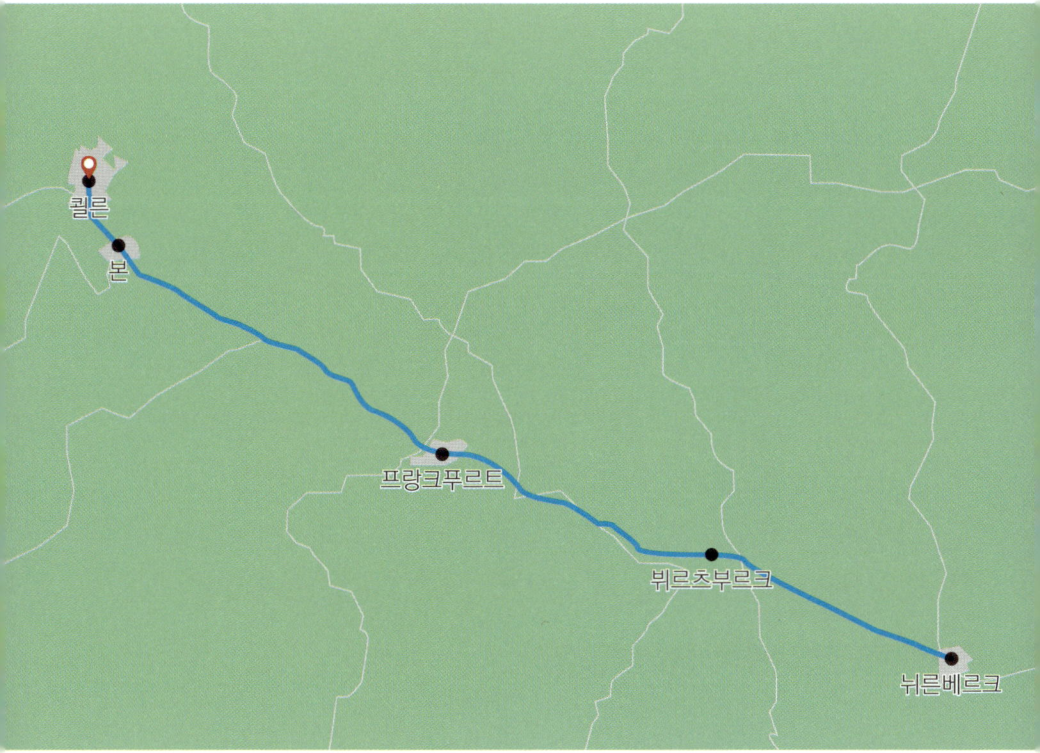

일정 : 바이드하우스(Waidhaus)~암베르크(Amberg)~뉘른베르크(Nürnberg)~밤베르크(Bamberg)~뷔르츠부르크(Würzburg)~프랑크푸르트(Frankfurt)~림부르크안데어란(Limburg an der Lahn)~본(Bonn)~쾰른(Köln)~묀헨글라트바흐(Mönchengladbach)

6.1. 맥주의 나라, 축구의 나라 독일과의 첫 만남

2016년 5월 5일(목).
일정 : 체코 플젠(Plzeň) ~ 독일 바이드하우스(Waidhaus)

드디어 독일(Bundesrepublik Deutschland, 독일 연방 공화국)로 들어섰다. 독일로 들어서자 제일 먼저 나를 반긴 것은 독일의 상징인 독수리 간판이었다. 옛 로마 제국의 상징이 독수리였는데, 그 후 수많은 유럽 국가들이 로마 제국을 따라서 너도나도 독수리 이미지를 차용하기 시작했다.

신성 로마 제국(라 : Sacrum Romanum Imperium), 오스트리아-헝가리 제국(독 : Österreich-Ungarn Monarchie/ 헝 : Osztrák-Magyar Monarchia, 러시아 제국(러 : Российская империя) 등의 국장은 머리가 두 개인 쌍두 독수리였다. 신성 로마 제국을 계승한 독일 제국(독 : Deutsches Kaiserreich)과 나치 독일의 국장에는 검은 독수리가 사용되는데, 나치 독일의 국장은 독수리가 하켄크로이츠(독 : Hakenkreuz, 갈고리 십자가) 위에서 날개를 펴고 있는 모습을 하고 있다. 미국 국장에는 흰머리수리(영 : bald eagle)가 그려져 있다. 이렇게 서양 문화권에서는 로마 제국의 영향으로 인해 독수리가 국장에 많이 이용되고 있다고 한다.

드디어 독일. 가운데 노란 간판에 검은 독수리 모양을 하고 있는 독일의 국장을 볼 수 있다.

이곳은 독일의 바이에른(Bayern) 주이다. 우리에게는 바이에른 뮌헨 FC(Bayern München FC)라는 축구팀으로 잘 알려진 지방이다. FC는 뭐 별다른 뜻이 있는 게 아니라 'Football Club'(축구 클럽)의 약자이다.

독일로 넘어와서 갑자기 달라진 점이 있다면, 자전거 도로 간판이 어마어마하게 업그레이드되었다는 점이다. 자전거 도로 이정표가 웬만한 자동차 도로보다도 더 잘되어 있는 느낌이었다.

'유로 벨로 13(Euro Velo 13)' 표지판. 너무나도 반듯하게 잘되어 있다. 독일 표지판의 단점은 지명이 꽤 길다는 것이다.

국경 옆의 작은 마을 바이드하우스(Waidhaus). 마을이 너무 작아서 호텔을 못 찾으면 어떡하나 걱정했는데, 다행히 아주 싸고 괜찮은 숙소를 찾을 수 있었다.

이날 머물기로 한 독일의 국경 마을 바이드하우스(Waidhaus)의 마을 지도와 정보. 지도에서 벌써 시골의 정취가 팍팍 느껴진다.

처음에는 그냥 인터넷 검색을 해서 호텔을 하나 찾아서 들어갔는데, 가격이 1박에 10만 원이 훌쩍 넘는 금액이어서 다른 곳을 찾아보기로 했다. 그래서 염치 불고하고 호텔 직원에게 더 저렴한 호텔이 있는지 물어봤더니, 싫은 내색 하나 없이 상냥하게 웃으며 다른 호텔을 알려주었다. 독일에 대한 호감도가 급상승하는 순간이었다.

그렇게 찾은 독일에서의 첫 호텔. 가격은 36€(약 47,600원). 이날 독일까지 온 이유가 체코 국경 마을에서 숙박비로 39€(약 51,600원)를 달라고 해서 그냥 계속 달린 거였는데, 진짜로 독일에서 체코보다 더 싼 호텔을 찾은 것이다. 저렴하다고 질이 낮은 호텔도 아니었다. 매우 깨끗하고 편안한, 내 마음에 쏙 드는 호텔이었다.

독일에서 묵었던 첫 호텔. 정말 편히 쉬었다 갈 수 있었다.

저녁은 이미 배부르게 먹었고, 독일에 왔으니 독일 맥주를 먹는 게 예의라는 생각에 호텔 레스토랑에 갔다. 메뉴판에는 누가 독일 아니랄까 봐 이 지역에서 생산된 맥주가 떡하니 나와 있었고, 그렇게 독일 맥주와의 첫 만남을 가질 수 있었다. 처음 맛본 독일 맥주는 상상하던 맛 그 이상이었다. 이날의 피로가 그 한 모금의 맥주로 싹 씻겨 내려갔다.

이 지역 특산 맥주 '바이드하우저 란트비어(Waidhauser Land bier)'. '바이드하우스 땅에서 난 맥주' 정도로 해석된다. 독일인들의 작명 센스는 정말 단순했다.

6.2. 암베르크(Amberg)로 가는 길 멋진 날씨와 환상적인 자전거 도로

2016년 5월 6일(금).
일정 : 독일 바이드하우스(Waidhaus) ~ 암베르크(Amberg)

바이드하우스(Waidhaus)에
있던 어느 교회.
구름 한 점 없는 푸른 하늘 아래
핑크빛 교회가 아름답게 빛났다.

자전거를 타기에는 그야말로 더할 나위 없이 좋은 날씨였다. 동유럽의 다른 자전거 도로들도 물론 좋았지만, 이곳은 도로 바로 옆에 자전거 도로를 만들어놔서 더 멀리 돌아갈 일도, 길을 잃을 일도 없을 것 같았다. 포장도 아주 잘되어 있었다.

독일 자전거 도로의 모습. 좌측 일반 도로와 비교해 봐도 손색이 없을 만큼 넓은 편이다.

저 표시는 고속 도로 표시이다. 뉘른베르크는 다음 목적지였다.

엄청 높게 자란 나무 아래서.

자전거 길은 가끔 오르막 내리막이 있었지만 그렇게 힘든 편은 아니었다. 덕분에 맑은 공기도 마음껏 마시고 주위의 경치를 여유롭게 구경하며 신나게 달릴 수 있었다.

눈에 보이는 풍경은 체코와 크게 다르지 않았다. 넓은 들판과 숲이 어우러져 있었고, 간간이 보이는 시골 마을은 경치를 구경하는 내 마음을 포근하게 감싸 안아주었다. 이날 역시도 가는 길에 사람을 거의 마주치지는 못했지만, 전혀 심심하거나 지루할 틈을 느낄 수 없었다. 두 눈에 미처 다 담을 수 없어서 간간이 카메라에 담아온, 나를 격하게 반겨주던 아름다운 자연이 나의 여행 벗이 되어주었기 때문이었다.

숲과 들판의 풍경은 체코와 크게 다르지 않았다.

이날 달렸던 도로는 정말 넓고 포장이 잘되어 있었다. 체코의 경우 넓은 숲을 통과할 때면 일반 도로만 나 있거나, 아주 작은 도로만 나 있는 경우가 대부분이었는데, 독일은 숲 가운데를 아예 넓게 밀어버리고 한쪽에는 자동차 도로, 가운데 넓은 완충 지역, 다른 한쪽에 자전거 도로를 만들어 놓았다. 자동차 도로이건 자전거 도로이건 간에 아주 넓고 완벽하게 포장이 되어 있었기 때문에, 자전거도 제법 속도를 내서 달릴 수 있었다.

역시 휴식은 버스 정류장이 최고. 나무로 만들어진 낡고 허름한 시골의 버스 정류장이었다.

이날 역시 별 탈 없이 목적지 암베르크(Amberg)에 도착했다. 조금 이른 시간에 도착해서 Host와 함께 동네 구경에 나섰다.

암베르크(Amberg)는 독일 바이에른 주에 위치한, 인구 4만의 작은 도시이다. 이 도시는 옛 성벽과 성문, 오랜 교회와 궁전 등 수많은 중세의 건물들을 보존하고 있는 멋진 곳이었다.

Host는 나를 계속해서 언덕 위로 데리고 올라갔는데, 어디로 가는지 물었더니 이 동네 최고의 전망을 자랑하는 곳으로 가는 길이라고 했다. 올라가보니 왜 굳이 나를 이곳에 데려왔는지 알 수 있었다. 정말 탁 트인 아름다운 전망을 자랑하는 곳이었고, 이곳에 있던 건물 역시 역사적이면서도 멋진 건물이었다.

도움의 성모 산에 있는 순례 교회(Wallfahrtskirche Maria Hilf) 정도로 번역되는 이 성당은, 겉도 웅장하지만 속은 정말 세련되고 아름다운 건물이었다.

언덕 위에 있던 성당 안에 들어가 보았다. 겉은 그냥 평범했는데, 그 안은 그야말로 감동의 쓰나미가 밀려오는 멋진 곳이었다. 그동안 동유럽 지역에서 어두운 느낌에 첨탑이 높이 솟은 고딕 양식의 성당을 많이 봐 왔기에, 갑자기 밝고 '블링블링'해진 성당 내부의 화려한 장식은 나의 시선을 오래도록 머물게 하기에 충분했다.

천장부터 바닥까지 눈을 뗄 수 없는
아름다운 장식들로 가득 찬 성당 내부의 모습.
앞쪽 제대 부분은 화려함의 극치를 달리고 있다.

이 성당 옆에는 아주 전망 좋은 식당이 하나 있었다. 이 식당에서도 당연히 마셔야 하는 것, 바로 맥주 한 잔!

이런 곳에서는 원래 맥주 맛이 배가 된다.

이곳에서는 암베르크 시가 한눈에 내려다보였다.
아득히 보이는 저 뒤쪽 지평선 너머가 이날 자전거로 달려온 곳이다.

시원한 맥주 한 잔으로 원기 회복을 한 후 Host와 함께 시티 투어에 나섰다. 암베르크 시청과 공사 중인 성 마틴 대성당(Basilika St Martin)을 거쳐서 작은 시냇물까지, 암베르크는 크고 작은 볼거리가 산재한 아름다운 도시였다.

성 마틴 대성당의 모습.
전면부 종탑 부분이 전면 공사 중이었다.

이 다리의 이름은 'Stadtbrille'인데, 번역하면 '도시의 안경'쯤 되는 곳이다.
왜 굳이 안경일까 그때는 잘 몰랐는데, 나중에 사진으로 보니 그 이유를 알 수 있었다.
다리 아치 부분의 물에 비친 모습이, 마치 안경 렌즈와 같은 모습을 하고 있었기 때문이다.

시티 투어를 마치고 돌아와서는 독일 소시지와 함께 맥주를 마셨다. Host의 집 냉장고에는 맥주가 가득했고, 그녀는 냉장고에 있는 것들을 마음껏 마시라고 말해주었다. 그 어떤 사랑 고백보다도 달콤하게 들린 그 한마디에 나의 심장은 터질 듯 두근거렸고, 맥주와 하나가 되어 내가 맥주이고 맥주가 곧 나인, 맥아일체(麥我一體)의 경지에 다다르게 되었다.

한 잔 그리고 또 한 잔. 돌아와서 Host와 맥주를 정말 배 터지게 마셨다.
물론 맛있는 소시지와 함께.

이날 마신 다양한 종류의 병맥주들과, 너무나도 부드럽고 맛있었던 흰색의 소시지('Münchener weißwürste'라는 상품이었는데, 뜻을 알고 보니 저 단어 자체가 '뮌헨식 흰 소시지'라는 뜻이었다. 독일인들의 작명 센스는 정말 쿨내가 진동한다.) 덕분에, 이날 역시도 행복한 밤을 맞이할 수 있었다.

다음 날 아침 길을 떠나면서 들른 암베르크의 옛 성벽. 이곳은 단순한 관광지가 아니라, 실제로 사람들이 살고 있는 삶의 현장이었다. 사람들의 구경거리로 남겨놓은 것이 아니라, 실제로 사람들이 살아가는 삶의 모습을 함께 간직한 이런 모습이, 오히려 나에게는 그 어떤 관광지의 모습보다 더 멋지게 다가왔다.

성벽과 성문이 지금도 아주 잘 보존이 되어 있었고, 또 실제 사용되고 있었다.

6.3. 뉘른베르크(Nürnberg), 즐거운 축제 속으로

2016년 5월 7일(토).
일정 : 독일 암베르크(Amberg) ~ 뉘른베르크(Nürnberg)

이날은 독일 암베르크(Amberg)에서 뉘른베르크(Nürnberg)로 향했다. 뉘른베르크는 히틀러의 나치 독일 시절 전당 대회가 열렸던 곳이자, 제2차 세계 대전 후 전범 재판이 열린, 독일의 아픈 역사를 고스란히 안고 있는 도시이다. 그래서 꼭 한번 가보고 싶었던 도시이기도 했다.

어느 시골길에서 만난 집. 그냥 대충 보기만 해도 '독일 사람의 집'이라는 느낌이 물씬 풍기는 그런 집이었다.

길을 가다가 점심을 먹기 위해서 작은 호숫가에 잠시 멈춰 섰다. 토요일 오후. 호숫가에는 따뜻한 햇살 아래 일광욕을 즐기는 사람, 걷거나 뛰거나 자전거, 롤러스케이트를 타며 운동을 즐기는 사람, 낚시를 하는 사람 등 다양한 사람들이 주말의 휴식을 즐기기 위해 나와 있었다.

이곳에서 잠시 쉬기로 하고
호숫가 벤치에 자전거를 세워두었다.

이날 공원에는 많은 사람들이
주말의 여유를 즐기고 있었다.

이날의 점심은 너무 고맙게도 암베르크 Host가 빵과 소시지를 좀 챙겨주었다.

암베르크 Host가 사다준 빵인 프레첼[12]과 소시지.
체코 플젠에서 얻었던 소시지도 아직 열심히 먹고 있는 중이다.

---

12) 프레첼(영 : Pretzel, 독 : Brezel)은 단단한 것, 말랑말랑한 것, 단 것, 짠 것 등 다양한 종류가 있다. 기도하는 아이들의 팔 모양을 본떠서 만들었다는 설이 있다.

시골 마을에서는 대규모 태양열 발전을 하고 있는 것을 볼 수 있었다. 동유럽에서부터 봐왔던 대규모 풍력 발전기들도 그렇고, 정말 유럽에서는 신재생 에너지가 곳곳에서 생산되고 있었다.

주택 단지에 세워진 대규모 태양열 발전기들의 모습.

한편 이날은 지나는 길에 슈퍼마켓에도 잠시 들렀다. 리들(LIDL)이라고 하는 가게였는데, 리들은 독일에 본사가 있는 슈퍼마켓 할인점이었다. 가격도 무진장 싸고, 물건도 아주 좋고, 왠지 나의 단골 가게가 될 것 같은 느낌이 팍팍 드는 그런 곳이었다. 나는 점심거리를 살 때 주로 4~5유로 정도 지출을 했는데, 그 가격으로 빵 여러 개, 맥주 1캔, 소시지, 초코바, 음료, 오렌지 등을 살 수 있었다. 독일의 물가가 비쌀 거라고만 예상했는데, 막상 들어가서 직접 체험해 본 장바구니 물가는 우리나라보다 훨씬 싸게 느껴졌다.

독일에 본사가 있는 슈퍼마켓 체인 '리들(LIDL).'
저렴한 가격이 장점인 독일 권역 최고의 마켓이었다.

뉘른베르크로 가는 자전거 길.
우측 둔덕 너머에는 자동차 도로인데, 얼마나 높은지 아예 도로가 보이지 않았다.
덕분에 자동차 도로와 완벽하게 분리되어 있어서 자동차 소음도 거의 들리지 않았고
심리적으로 아주 안정감을 느낄 수 있었다.

어느덧 뉘른베르크에 도착했다. 이날은 때마침 뉘른베르크에서 자전거

축제를 하는 날이었고, Host를 그곳에서 만나기로 했기에 바로 자전거 축제를 하는 곳으로 달려갔다. 이 자전거 축제라는 것이 뭐 별다른 것이 있는 게 아니라, 그냥 음악 틀어놓고, 사람들 왔다 갔다 하고, 여기저기서 자전거를 무료로 손도 좀 봐주고, 그런 형태로 진행되었다.

축제장 전경. 작은 지역 축제 같아 보였다.

동유럽에 비해서 확 비싸진 맥줏값 때문에 눈물을 흘려야 했지만, 맥주 맛은 역시 명불허전! 독일 맥주다웠다.

맥주 한 병에 무려 2.80€(약 3,700원). 동유럽에 비해 맥주 가격이 천정부지로 치솟았다. 가격은 좀 비쌌지만, 한 병을 다 마시고 한 병을 더 마셨다. 정말 너무 맛있었기 때문이다.

이 자전거 축제장에서는 무료로 자전거 점검을 해주고 있었다. Host가 나를 여기서 만나자고 했던 이유도 바로 이 무료 점검 서비스 때문이었다. 유럽 여행 3주 만에 종합 검진에 들어간 나의 애마 오골계는 다행히 큰 이상이 없었다. 다만 뒤쪽에 달린 자전거 짐받이가 중국제였는데, 조금씩 흔들리고 있어서 이곳에서 독일제로 바꾸기로 했다.

축제장에서 종합 건강 검진을 받고 있는 자전거. 다행히 큰 이상은 없었다.

이곳 축제장에서는 자전거 점검만 이루어질 뿐, 자전거 용품을 판매하지는 않았기 때문에 Host와 함께 자전거 용품 매장으로 향했다. 매장은 축제장에서 약 10분 정도 떨어진 거리에 있었는데, 그야말로 자전거에 대한 모든 것을 팔고 있었다. 크기가 거의 우리나라 대형 할인점 수준의 크기였는데, 인구 약 50만의 도시에 이 정도 크기의 자전거 용품점이라니, 유럽의 자전거 시장이 얼마나 큰지 체감할 수 있었다.

어마어마한 크기를 자랑하는 매장. 자전거에 대한 모든 종류의 용품들을 팔고 있었다. 자전거 짐받이의 종류도 수십 종이나 되었고, 가격 역시 적당했다.

자전거 수리를 마치고 자전거를 고쳐준 친구들과 기념사진을 한 장 찍고, 고마움의 선물로 한국에서 가져간 전통 무늬 책갈피를 선물해 주었다. 유쾌한 친구들과 함께 할 수 있었던 신나는 축제 현장이었다.

이날 밤 'Die Blaue Nacht(푸른 밤)' 축제에 참여했다. 정말 운 좋게도 도착한 날 밤이 이 축제일이었기 때문이다. 거리 곳곳에는 이미 축제를 알리는 수많은 현수막이 걸려 있었다.

축제는 시내 중심가에 위치한 광장과 뉘른베르크 성에서 펼쳐졌다. 컴컴한 밤, 거리는 온통 푸른색 조명으로 물들어 있었고, 헤아릴 수 없을 정도로 수많은 인파가 아름다운 봄날의 축제를 즐기고 있었다. 축제장에 자전거를 타고 갔는데, 자전거를 타고 온 사람이 어찌나 많은지 엄청나게 많은 자전거가 광장 한쪽에 주차되어 있었다.

'Die Blaue Nacht'(푸른 밤) 축제를 알리는 대형 현수막.

푸른 밤 축제답게 거리의 가로등 불빛을 포함한 축제장 주변의 조명이 온통 푸른빛을 띠고 있었다.

이날 축제의 하이라이트는 뉘른베르크 성벽에 상영되는 영상이었는데, 대도시의 빌딩에서만 보던 이런 조명 쇼를 옛날 성벽에 비추는 모습이 아주 인상적이었다.

이날 축제의 하이라이트. 뉘른베르크 성에 직접 조명을 비춰서 영상을 상영했는데, 입체적인 성 위로 각종 애니메이션 영상이 흘러나왔다.

넋을 놓고 한참을 보고 나니 어느새 영상이 끝이 났다. 집으로 돌아오기 위해 발걸음을 옮기던 중, 멀리서 들려오는 음악 소리에 이끌려 그곳으로 향했다. 음악이 흘러나오던 호프집 앞에는 아까 축제장에 있던 사람들이 다 몰려온 듯 사람들이 꽉 들어차 있었고, 밴드의 열정적인 공연이 흘러나오고 있었다. 나는 이날의 피곤함도 잊은 채 사람들과 하나 되어 공연에 빠져들었다.

이날 공연의 마지막 곡은 다름 아닌 비틀즈의 명곡 'Hey, Jude.' 공연 후반부 현장에 있던 모든 사람들과 함께 '라라라, Hey, Jude'를 따라 부르며, 모든 것이 완벽했던 이날 하루를 자축했다.

아, 물론 이날의 마침표는 Host의 집으로 돌아와서 맥주 한잔을 하고 나서야 찍을 수 있었다.

6.4. 뉘른베르크, 열정과 예술 속으로

2016년 5월 8일(일).
일정 : 독일 뉘른베르크(Nürnberg)

이날은 뉘른베르크(Nürnberg) 관광을 했다. 먼저 주일이라서 아침에 일어나자마자 뉘른베르크 성모 성당(Frauenkirche Nürnberg)에 미사를 보러 갔다. 간밤에 축제 때문에 방문했던 광장에 있는 성당이었다.

유럽에서 한 도시의 중심은 광장이고, 보통 광장에 있는 성당은 그 도시를 대표하는 성당이다. 그래서 성당에 갔을 때 사람들이 많이 있을 것으로 예상했는데, 뜻밖에도 아주 적은 수의 사람들만이 미사를 드리고 있었다.

독일은 종교 개혁을 일으킨 마르틴 루터(Martin Luther)가 태어난 나라이기도 한데, 가톨릭과 개신교의 비율이 거의 엇비슷한 수준이라고 한다. 성당에 사람이 별로 없는 것은 유럽 젊은이들의 '탈종교화' 때문인데, 미사에 참석한 사람들 중에서 내가 가장 젊은 사람인 듯했다.

미사 전 성당의 모습. 사람들이 거의 없었고, 미사 참여자는 거의 노인 연령층이었다.

성당의 파이프 오르간. 이 성당의 파이프 오르간은 특이하게 성당 뒤쪽이 아닌 전면부 우측에 자리하고 있었다.

성당의 전경.

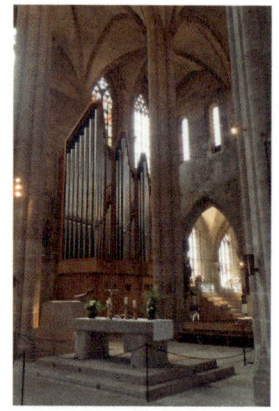

이어서 찾아간 곳은 '성 제발트 교회 (Sankt Sebaldus Kirche).' 루터파 교회 건물인데, 성당과 바로 지척에 있었다.

교회 내부의 모습.

2차 세계 대전 당시 파괴된 교회의 모습이 담긴 사진. 뉘른베르크는 2차 세계 대전 당시 도시 전체가 거의 다 파괴되었다고 한다. 교회 및 성당들도 폭격을 피해갈 수는 없었다.

교회 외부의 모습. 두 개의 첨탑이 높이 솟아 있다.

교회 구경을 마치고 간밤에 축제의 중심이었던 뉘른베르크 성(Kaiserburg Nürnberg)으로 향했다. 낮에 다시 찾은 성은 어젯밤과는 완전 다른 느낌이었다. 간밤의 시끌벅적했던 축제는 흔적만이 남아 있었고, 평화롭고 고요한 휴일 아침의 정적만이 흘러나왔다.

전날 화려한 조명을 받은 뉘른베르크 성은 조용히 나를 맞이해 주었다.

전형적인 독일 전통 가옥의 모습. 외벽의 나무 기둥 장식과 지붕의 창문이 특징이다.

성에서 바라본 뉘른베르크 전경. 시야를 막는 건물이 하나도 없다.
고층 아파트와 산이 없는 것에 조금씩 익숙해지기 시작했다.
성당과 교회의 첨탑만이 뾰족하게 솟아 있다.

성과 그 주변 관광을 마친 나는 다시 아래로 내려왔다. 구름 한 점 없는 맑은 날씨 덕에, 주변은 서서히 휴일을 맞아 쉬러 나온 가족 단위 관광객들과 젊은이들로 북적거리기 시작했다. 간밤의 시끌벅적함은 사라졌지만, 뉘른베르크의 휴일은 그렇게 평화로운 모습으로 다가왔다.

뉘른베르크의 도심지를 재현해놓은 조형물.
아이가 만지고 있는 건물이 바로
성 제발트 교회(Sankt Sebaldus Kirche)이다.

구도심 관광을 마친 후 Host와 점심을 먹으러 갔다. 무슨 음식을 먹고 싶냐는 Host의 질문에 고민할 것도 없이 '고기'를 외쳤고, 그녀가 추천해 준 독일의 국민 대표 요리 '슈바인스학세(Schweinshaxe)'를 주문했다.

이미 몇 번 먹어봤지만 먹어도 먹어도 질리지 않는 맛! 겉은 바삭하지만 속은 부드러운 그 환상적인 식감. 동유럽에 비해 좀 비싸진 가격이 나의 마음을 후려쳤지만, 원조의 맛은 역시 달랐다. 맥주도 가격이 좀 비싸졌지만, 독일에서 맥주 없이 밥을 먹는다는 것은 상상할 수 없기에 맥주도 함께 주문했다.

날씨가 좋아서 그런지 식당 안에는 손님이 한 명도 없었고, 모든 사람들이 식당 밖에 놓인 식탁에서 밥을 먹고 있었다. 식당 안으로는 종업원들만이 바쁘게 오갈 뿐이었다. 이날의 점심은 슈바인스학세와 맥주 한 잔!

식사 후에는 Host와 함께 도심지 여기저기를 돌아다녔다. 전날 큰 축제를 하고 난 이후라 그런지 도심지는 매우 한산했다. 하지만 교외에 있는 엄청나게 넓은 잔디밭에는 그 잔디밭을 꽉 채울 만큼 많은 사람들이 나와서 휴일 오후를 즐기고 있었고, 그 옆을 흐르는 강에도 배를 타는 시민들의 모습을 쉽게 볼 수 있었다.

뉘른베르크를 관통하고 있는 작은 강. 물결이 매우 잔잔했다.

강가에 어떻게 이렇게 멋진 건물을 지어놨는지…. 지붕의 모습도 그렇고 건물의 전체적인 모습이 그냥 '독일 건물'이라는 느낌이 팍팍 왔다.

드넓은 잔디밭에서 한가로운 휴일 오후를 즐기는 사람들.
우리나라 같으면 그늘 아래 사람들이 앉아 있을 건데, 이곳 사람들은 대부분 햇빛 아래 자리를 잡고 있다.

이렇게 강에서 배를 타고 있는 시민들도 제법 많이 눈에 띄었다.

그렇게 여유롭게 자전거를 타고 뉘른베르크를 둘러보던 중에, 저 멀리서 엄청난 함성 소리가 울려 퍼지는 것을 들었다. 그야말로 천지가 진동하는 소리였다. 그래서 이게 무슨 소리냐고 물어보니 때마침 이날 축구 경기가 있다고 했다. 분데스리가(Bundesliga, 독일 프로 축구) 경기가 열린 것이다. FC 뉘른베르크[13]는 분데스리가 2부 리그에 있지만, 과거 1부 리그 우승을 차지하기도 했던 팀이었다.

독일 분데스리가의 입장료는 저렴하기로 유명한데, 역시나 명불허전, 엄청 저렴한 금액에 제일 저렴한 입장권을 구매한 나는 경기장 안으로 위풍당당하게 들어섰다.

---

13) FC 뉘른베르크는 20-21 시즌 현재 독일 분데스리가 2부에 소속된 프로 축구팀으로, 1900년 5월 4일 창단했다. 오랜 역사를 지닌 명문 클럽으로 2차 세계 대전 전에는 독일 최강팀 중 하나였으나, 이후 차츰 성적이 하락했고, 지금은 1부 리그와 2부 리그를 왔다 갔다 하고 있다.

입구에서는 가방 검사는 물론이고 몸수색도 했다. 경기장 보안 수준이 우리나라와는 차원이 달랐다.

경기가 한창인 경기장. 붉은 물결의 뉘른베르크 홈 팀 응원단의 기운을 받아서 그런지 1:0으로 FC 뉘른베르크가 앞서기 시작했다.

내가 구매한 티켓은 자유석이었는데, 말이 자유석이지 사실상 입석이었다. 의자는 기다란 봉으로 되어 있어서 엉덩이를 기대는 것 외에는 할 수 있는 게 없었고, 덕분에 모든 사람들이 서 있었다. 내가 있던 자리는 원정팀 응원석이었는데 온몸에 문신이 가득한 덩치 큰 형님, 코, 입, 귀 등 뚫을 수 있는 곳은 모조리 뚫어놓은 피어싱 누님 등 관중들의 모습도 참 인상적이었다. 자리에서 술과 담배를 하는 이들도 많았다. 나 역시 이들의 기분을 조금이나마 느껴보고자 맥주 한 잔을 사러 나갔는데, 엄청나게 길게 늘어선 줄을 보고 바로 포기했다. 축구와 맥주는 하나인데, 정말 아쉬운 순간이었다.

한편 이날 홈 팀의 색은 붉은색, 원정팀의 색은 검은색이었는데, 나는 불행인지 다행인지 파란색 티를 입고 있었다. 경기 내내 원정팀 석에서는 응원가가 흘러나왔는데, 묘하게 중독되는 응원가였다. 원정팀 이름인 '상파울리'를 반복해서 부르는 것이었는데, 90분 내내 그 응원가를 듣다보니 어느새 그들과 하나 되어 응원가를 외치고 있었고, 이날 이후 거의 한 달가량 자전거로 달리면서 이 응원가를 흥얼거렸다. 그만큼 따라 부르기 쉽고, 기억에 남는 응원가였다.

경기를 마치고 돌아가는 길, 경기장 옆에 방치되어 있는 듯한 거대한 콘크리트 구조물을 보았다. 이게 뭐길래 주차장에 이렇게 크게 지어놨나 궁금했는데, 그것은 다름 아닌 나치의 유물이었다. 나치 독일은 이곳 뉘른베르크에서 1933년부터 1938년 제2차 세계 대전 전까지 나치 전당 대회를 열었었는데, 바로 이 전당 대회 때 사용된 구조물이었던 것이다. 전쟁 후 베를린이 아닌 뉘른베르크에서 독일 전범 재판이 열린 것은, 나치의 영광이 깃든 이 도시에서 그들을 심판하겠다는 계산이 깔려있었다고 한다.

한때 독일 제국의 중심이었던 이곳의 이름은
제플린 스탠드(Zepplin Grandstand(영)/ Zeppelin-Tribüne(독)).
나치 전당 대회장에서 퍼레이드가 시작되면 이곳 스탠드에서 마쳤다고 한다.

지금은 방치된 듯 고독하게 서 있는 콘크리트 구조물.
지금은 흔적만 남은 나치의 유산이다.

6.5. 아픈 과거를 돌아보다

2016년 5월 8일(일).
일정 : 독일 뉘른베르크(Nürnberg)

이번 테마는 나치 독일이 남긴 유산이다. 먼저 찾아간 곳은 뉘른베르크의 나치 전당 대회장(Kongresshalle). 히틀러는 뉘른베르크에 1933년부터 5만 명을 수용할 수 있는 대규모 전당 대회장을 만들기 시작했는데, 1939년 제2차 세계 대전이 발발하면서 공사가 중단되었고, 그대로 전쟁에서 패하면서 건물은 미완성인 채로 남게 되었다. 이곳은 전쟁 후 방치되었다가, 1973년부터 국가 기념물로 지정되어 보존되고 있다고 한다. 이곳에는 나치 기록물 보관소도 있다.

나치 전당 대회장(Kongresshalle)에 대한 사진과 설명.
히틀러는 이 전당 대회장을 5만여 명이 들어가서 집회를 할 수 있는
거대한 실내 대회장으로 건설하려 했다.

나치 전당 대회장은 축구 경기가 열린 경기장에서 그리 멀지 않은 곳에 있었다. 이곳 전당 대회장은 히틀러가 이탈리아의 콜로세움을 본떠서 만들었다고 하는데, 이런저런 조각 작품 하나 없이 그저 삭막한 모습이었다. 오늘날 남아있는 것은 미완성의 건물임에도 그 규모는 상상을 초월했다. 내부의 회랑을 자전거로 달려 봤는데, 정말 끝없이 길게 이어져 있었다.

밖으로 나와서 안쪽으로 들어가니 좀 더 삭막한 풍경이 펼쳐졌다. 모든 아치들이 벽돌로 막혀 있었는데, '나치의 숨구멍을 모두 막고 싶은 독일인들의 마음이 아닐까'라는 생각을 해 보았다.

히틀러의 계획대로 완공되었다면 실내 부분이 되었을 전당 대회장 안쪽.
이곳의 느낌은 너무 황폐했다. 을씨년스럽다는 말이 딱 어울리는 곳이었다.

후손에게 이처럼 자신들의 아픈 역사를 있는 그대로 보여주고 있는 독일을 바라보며 일본이 이런 모습을 좀 보고 배웠으면 하는 생각이 문득 들었다.

다음 날 뉘른베르크 전범 재판 기념관(Memorium Nürnberger Prozesse)에 갔다. 이곳에서 전범 재판이 열린 이유는 다음과 같다. 2차 세계 대전 패망 후 독일 거의 전역이 철저히 파괴되었는데, 나치의 중심 도시였던 뉘른베르크는 도시 전체가 성한 건물을 찾아보기 힘들 정도로 심한 폭격을 맞았다고 한다.

연합군은 나치 독일의 상징 도시인 뉘른베르크에서 전범 재판을 열기를 바랐는데, 전쟁 후 뉘른베르크에서 재판을 열 수 있을 정도로 멀쩡한 건물이 이곳뿐이라서 여기서 전범 재판을 연 것이라고 한다. 직접 방문한 그곳은 이런 역사적인 재판이 열린 곳이 맞나 싶을 정도로 작고 평범한 건물이었다.

뉘른베르크 전범 재판소의 입구. 사진이 마음을 먹먹하게 한다.

오픈 시간이 9시인 줄 알고 왔는데 10시였다. 1시간이나 시간이 남아서 아침을 사 먹으러 갔는데, 월요일 아침의 뉘른베르크는 매우 조용하고 한가한 모습이었다.

식당 가는 길에 만난 어느 멋진 건물. 주차장 건물인 듯한데, 외부 장식이 정말 마음에 들었다.

아침으로 사먹은 빵과 음료. 동유럽의 한 끼 식사와 비슷한 가격이었다.

아침을 먹고 나니 어느덧 입장 시간이 되어서 전범 재판 기념관으로 돌아왔다. 굳게 닫혀 있던 문은 어느새 활짝 열려 있었고, 한 무리의 학생들이 견학을 와 있었다. 티켓을 끊었는데 성인은 5€(약 6,600원)였다. 오디오 가이드는 무료로 대여가 가능했는데, 한국어 안내는 아쉽게도 없었다.

뉘른베르크 전범 재판 기념관
(Memorium Nürnberger Prozesse) 표지판.

기념관의 입구.
작고 평범하게 생긴 건물이었다.

이곳의 하이라이트인 600호실 입구.
바로 이 방에서 재판이 열렸다.

600호실의 내부 모습. 당시 찍었던 실제 사진들이 의자, 책상 등과 함께 전시되고 있었다.

뉘른베르크 전범 재판은 2차에 걸쳐서 이루어졌는데, 1차 전범 재판은 2차 세계 대전을 일으킨 이들에 대한 책임을 묻는 재판이었고, 2차 전범 재판은 나치 독일의 유대인 등의 학살에 대한 재판이었다고 한다. 관련된 많은 이들이 기소를 당했고, 사형, 종신형 등의 형을 선고받았다.

재판 당시의 사진.
이 재판의 재판관으로는
당시 승전국이었던
소련, 영국, 미국, 프랑스의
재판관들이 나섰으며,
재판장은 영국 출신의
제프리 로렌스(Geffrey Lawrence)가
맡았다.

형의 집행에 대한 설명과 중간 사진은 사형을 당한 이들의 모습이다.
독일 전범들은 잘못을 뉘우치기보다 당당한 자세로 재판을 받았다고 한다.
이후 이들이 사형을 당하고 그들의 말로가 언론에 실리면서
그제야 독일 국민들이 나치즘에서 벗어나기 시작했다고 한다.

밖에서 바라본 600호실의 모습. 바로 이곳에서 정의가 바로 세워졌다.

뉘른베르크 여행을 하면서 들었던 생각은 '이런 유적지가 우리나라에
도 있어야 하는데' 하는 것이었다. 일제 침략자들과 친일파들의 잘못을

묻고 새로운 대한민국을 열 수 있었는데, 그것을 제대로 하지 못해 남북으로 갈라지고 거기다가 아직도 친일파들이 큰소리치는 모습을 보며 역사 바로 세우기의 중요성을 다시금 느꼈다.

많은 피해국들에게 악몽과도 같은 전범기인 욱일기를 자위대 등에서 아직도 아무렇지도 않게 사용하는 일본에게 화도 치밀어 올랐다. 아직 우리의 과거는 깔끔하게 청산되지 않았다. 우리도 하루빨리 아픈 역사를 바로 세우고 일본으로부터 진심 어린 사죄를 받게 되길 바란다.

6.6. 밤베르크(Bamberg), 아름다운 역사의 도시

2016년 5월 9일(월).
일정 : 독일 뉘른베르크(Nürnberg) ~ 밤베르크(Bamberg)

구름 한 점 없이 맑았던 월요일. 뉘른베르크를 떠나서 밤베르크로 향했다. 보통 한 도시에 1박 2일을 머물렀는데, 이렇게 2박 3일을 머무르니 엄청 익숙해진 느낌이 들었다. 마치 오래 전부터 살아왔던 것처럼.

뉘른베르크는 떠나는 사람의 발걸음을 잡는 매력적인 곳이었다.
주택가를 흐르는 강을 건너면서 이 멋진 도시를 돌아보지 않을 수 없었다.

이날 역시 구름 한 점 없는 맑은 날씨였다. 따가운 햇살 아래서 오늘도 열심히 달리기 시작했다. 가끔 울창하게 우거진 나무들이 그늘을 만들어주기도 했고, 휴식처도 제공해 주었다. 자연이 선물해주는 아름다운 풍경들을 바라보며 행복한 여행을 이어나갔다.

나무와 넓디넓은 잔디밭 사이로 난 자전거 길. 자연의 아름다움을 느끼며 달릴 수 있었다.

너른 들판에서는 몇몇 사람들이 승마를 즐기고 있었다. 좁은 울타리 안에서 몇 바퀴 도는 것이 대부분인 승마 체험 말고, 저렇게 타는 게 진짜 말과 하나 되어 즐기는 승마가 아닐까 싶었다.

이날 찍은 사진 중 최고의 사진.
맑고 푸른 하늘 아래 사방으로 뻗은 자전거 도로 표지판의 모습.

잠시 후 어느 강변에 다다랐다. 강 바로 옆에는 아파트가 들어서 있었는데, 유럽에서 만나는 아파트는 그냥 어색하게만 느껴졌다. 대부분 사람들에게 그렇겠지만 이렇게 콘크리트로 지어진 삭막한 모양의 아파트들보다는 옛날 방식으로 지어진 건물들이 더 멋있고 예뻐 보였다. 어쩌면 이런 아파트들은 우리나라에서 너무나도 지겹도록 보아왔던 풍경이기에 더욱 그런 느낌이 들었는지도 모르겠다.

독일 어느 마을의 강변. 유럽에서 보는 아파트는 내게 아직 조금 어색했다.

이 아파트가 보이는 강변 근처에 벤치가 있어서 잠시 이곳에서 쉬면서 점심을 먹기로 했다. 햇살이 강한 날이어서 그늘이 필요했는데, 때마침 커다란 나무가 멋진 쉼터를 만들어주는 곳이 있었다.

점심을 먹기 위해 멈췄던 곳. 흐르는 강물 소리를 들으며 멋진 경치를 벗 삼아 먹는 멋진 점심이었다.

그렇게 짧은 휴식과 점심 식사를 마치고, 다시 길을 떠났다. 이날의 여정은 계속해서 물길을 따라가는 길이어서 경사도 거의 없었고 길도 참 정비가 잘되어 있었다. 간간이 보이는 작은 마을들은 고즈넉한 풍경을 선사해 주었고, 맑은 공기와 따사로운 햇살은 여행길을 더욱 풍성하게 해주었다.

어느 다리에서 잠시 멈춰 섰다.
작은 다리였는데, 이 작은 시골의 다리에 있던 멋지고 아름다운 석상들이 나를 붙들었기 때문이다.

이날은 날씨가 살짝 더웠다. 오후에 어느 마을에 들어섰는데 시원한 것이 너무 먹고 싶어서 아이스크림 가게로 들어갔다. 먹어보니 역시 독일에서는 더운 날 맥주를 마시는 것이 최고인 것 같았다.

아이스크림 하나로 살짝 부족했던지라 슈퍼마켓으로 향했다. 유럽의 슈퍼마켓 물가는 정말 상상을 초월할 정도로 저렴했는데, 독일의 슈퍼마켓에서는 그야말로 뒷목 잡는 경험을 하고야 말았다. 5.0 맥주 한 캔이 겨우 0.39€(약 500원 남짓)밖에 하지 않았기 때문이다. '사장님이 미쳤어요' 폐업 할인 행사도 아닌데 말이다.

우리나라에서는 1,000원 들고 슈퍼마켓에 가면 생수 하나밖에 살 수 없는데, 독일에서는 맥주 두 캔을 살 수 있었다. 그 외에도 수많은 식료품들이 아주 저렴한 가격에 판매되고 있었다.

독일 슈퍼마켓의 저렴한 가격표. 정말 착한 가격들이다.　　　나의 선택은 초코 우유와 맥주 한 캔.

이날 여정은 계속해서 운하를 따라갔기 때문에 곳곳에서 갑문(Schleuse)을 만날 수 있었다. 이 운하의 이름은 마인-도나우 운하(Main-Donau Kanal)인데, 1992년 개통된 이 운하의 총 길이는 171km에 이른다. 운하는 잘 정비되어 운영되는 듯 보였고, 옆으로 쭉 이어진 자전거 도로 역시 포장이 아주 잘되어 있었다.

한편 도시에 가까워질수록 도로도 넓어지고, 잔디밭이나 벤치가 많아졌다. 자전거를 타거나 조깅을 하는 사람들도 종종 눈에 띄었다.

가는 길에 이런 갑문을 여러 개 만날 수 있었다.

밤베르크에 거의 다 와서 잠시 휴식을 취하기 위해 멈춰선 벤치.
지천에 이런 휴식처가 널려 있었다. 유유히 흐르는 운하를 바라보며 잠시 휴식을 취했다.

그렇게 달리고 달려 도착한 밤베르크(Bamberg).

밤베르크는 뉘른베르크에서 약 60km 북쪽에 위치해 있는데, 도시 가운데로는 레그니츠(Regnitz)강이 흐르고 있으며, 마인-도나우 운하의 시작점인 곳이다.

이곳은 독일 전체가 쑥대밭이 되었던 제2차 세계 대전 연합군의 공습 때 큰 피해를 입지 않았고, 덕분에 독일의 전통 건물들이 잘 보존되어 있다. 독일의 건축의 역사를 한눈에 볼 수 있는 옛 건물들 덕에 구시가지가 몽땅 유네스코 세계 문화유산에 등재되어 있는데, 실제로 직접 만나본 밤베르크의 구시가지는 오랜 역사와 전통의 향이 진하게 배어 있었다.

사실 뉘른베르크에서 바로 뷔르츠부르크로 넘어갈까, 밤베르크에 들렀다가 갈까 엄청 고민했었는데, 밤베르크에 들르기로 한 나의 선택은 최상의 결과를 낳았다. 바로 잊지 못할 훈제 맥주와의 만남 덕분이었다.

Host의 집에서 대접받은 저녁 식사. 감자 요리와 야채, 소시지, 고기 등 다양한 요리들이 나왔다.

시 외곽 주택지에 위치한 밤베르크 Host의 집은 아주 아늑하고 넓은 집이었다. 도착해서 샤워를 하고 옷을 갈아입은 후에 아주 성대한 저녁 만찬을 대접받았다. 감자 요리와 채소, 소시지와 고기 등 다양한 요리가 나왔는데, 밥상 앞에서 자꾸 사진을 찍으면 예의가 아닌지라 양해를 구하고 사진 몇 장만 찍고는 함께 즐겁게 먹기 시작했다. 한국 음식이 생각날 틈이 없을 만큼 밥맛이 좋았다. 즐거운 여행 이야기를 함께 나누는 사이, 식탁에서의 정은 깊어갔다.

저녁 식사 후 밤베르크 시내 투어에 나섰다. 그냥 작은 도시인 줄로만 알고 크게 기대하지는 않았었는데, 막상 둘러본 밤베르크의 모습은 너무나도 아름다운, 숨은 보석 같은 도시였다.

처음 본 건물은 밤베르크 구 시청 건물(Altes Rathaus Bamberg)이었다. 청사는 다른 일반적인 도시들처럼 시의 중앙 광장 부근이 아닌 레그니츠(Regnitz)강을 가로지르는 오베레 다리(Obere Brücke)와 운테레 다리(Untere Brücke) 사이에 지어져 있다. 청사가 이렇게 독특한 곳에 세워진 이유는, 중세 시대 도시의 역사와 관련 있다. 중세 시대에 이 도시는 통치권이 양분되어 있었는데, 강 한쪽은 주교가 통치하는 지역이었고, 다른 한쪽은 시민들이 자치권을 갖고 있는 지역이었다. 시청 건축을 할 때 양측이 서로 자신의 지역에 세우려 했고, 결국 레그니츠강 위에 작은 섬을 만들어 중립 지역을 만들고 그 섬 위에 건물을 짓게 된 것이다.

건물 외벽의 프레스코화는 이 건물을 더욱 특별하게 만들어 주고 있으며, 현재는 박물관으로 사용되고 있다고 한다.

언뜻 보기엔 그냥 단순하게 보이는 건물. 벽에 뭔 그림이 이렇게 많이 그려져 있나 싶었는데, 이 빌딩의 하이라이트가 바로 여기에 숨어 있었다.

그 하이라이트는 바로 벽면의 그림에서 갑자기 다리가 튀어나오고, 종이가 펄럭이는 3D 입체 빌딩이라는 것이다.
아이디어가 진심 놀라웠다.

두 건물 사이로 보이는 구 시청 건물의 모습.
단조로운 모습의 다른 건물들과는 확연하게 대비된다.

청사 아래쪽으로는 마인강의 지류인 레그니츠강이 유유히 흐르고 있다. 그 양 옆으로는 아름다운 주택들이 늘어서 있었는데, 이런 모습들이 물의 도시 이태리 베네치아를 닮았다고 해서 '작은 베네치아'라는 별명이 붙었다고 한다. 실제로 만나본 도시의 모습은 너무나도 아름다웠으며, 도시 한가운데를 흐르는 강은 아름다운 주택가를 굽이치며 힘차게 흘러가고 있었다. 그리고 길에서 만난 모든 건물은 오랜 역사의 흔적을 고스란히 담고 있었다.

강 양옆으로 주택가가 늘어선 모습이, 마치 물 위에 도시가 건설된 듯한 착각을 불러일으킨다.
아름다운 집들이 강변을 따라 늘어선 풍경이 너무나 멋지다.

이날은 월요일 밤이었는데, 한 다리 위에서 많은 학생들이 모여서 대화를 나누고 있었다. 근처에 대학교가 있다고 했다.

　　이어서 밤베르크 대성당(Bamberger Dom St. Peter und St. Georg)에 올라갔다. 밤베르크 대성당은 1002년 하인리히 2세 황제의 명에 의해 지어지기 시작해서 1012년 5월 6일 처음 봉헌된 유서 깊은 성당으로, 화재 등으로 여러 번 파괴되기도 했지만 지속적인 복원과 증·개축 등을 거쳐서 오늘날의 모습을 갖추게 되었다고 한다.

　　아쉽게도 도착한 시간이 좀 늦었는지 성당 문이 닫혀 있어서 안을 둘러볼 수 없었지만, 밖에서 보는 것만으로도 이 성당은 나에게 큰 선물이었다.

밤베르크 대성당의 사진. 앞쪽 2개, 뒤쪽 2개, 총 4개의 높은 첨탑이 우뚝 서 있다.

성당 앞 광장을 둘러싼 담장의 모습. 오랜 세월이 느껴지는 담장이다.

성당 구경을 마친 후 다시 아래로 내려왔다. 다시 내려온 강가는 여전히 아름다운 모습 그대로였다. 정말 걷고 싶은 마음이 드는 그런 도시였다.

내려와서 다시 걷는 밤베르크의 강가.
강을 따라서 여러 멋진 집들이 늘어서 있다.

시내 관광을 하다 보니 뭔가 허전했다. 그렇다. 독일 관광을 하는 데 맥주가 빠진 것이다. Host의 안내를 받으며 어느 맥줏집으로 향했다. 강가 근처의 평범한 골목. 여느 작은 도시들과 마찬가지로 밤베르크의 인적 역시 일찍 끊겼는데, 유독 한 건물 앞에만 사람들이 바글바글했다. 가게 안은 이미 만원이었고, 안에 자리를 잡지 못한 사람은 건물 밖 골목에 서서 맥주를 마시고 있었다. 그들 모두는 하나같이 짙은 색의 흑맥주를 마시고 있었다.

석양이 지는 밤베르크의 저녁.
골목 저쪽 가게 앞에만 사람들이 모여 있다.
그렇다,
바로 저곳이 지금 나의 목적지가 되시겠다.

가게의 이름은 '슐렌켈라 훈제맥주(Schlenkerla Rauchbier).' 어마어마한 인파를 헤치고 가게 안으로 들어선 나는, 맥주 주문을 끝낸 후 맥주를 받아들고 밖으로 나왔다. 골목에 서서 한 모금을 들이켜는 순간, 아~~맥주의 신세계가 열렸다.

맥주는 아주 짙은 색을 띠고 있었는데, 마치 겉모습은 흑맥주 같았다. 친구가 말하길 '바비큐 맥주'라 불린다 하는데, 우리나라에 돌아와서 뒤져보니 사람들이 한국어로는 '훈제 맥주'로 번역해서 부르고 있었다. 이름 그대로, 이 맥주는 아주 달콤한 '숯불 구이 바비큐 맛'이 나는 맥주였다.

이 맥주의 기원은 다음과 같다. 과거 이 맥줏집에 과거 화재가 발생했는데 불행 중 다행으로 맥주 통에 보관된 맥주는 멀쩡했다고 한다. 그래서 그 맥주를 한번 맛을 보았는데, 정말 눈이 뒤집어질 정도로 환상적인 맛을 낸 것이다. 통에 보관되어 있던 맥주가 화재 때 발생한 열기와 연기에 훈제가 되어서 맥주에 바비큐 숯불 향이 가미된 것이다. 그래서 그때부터 이 맥주를 팔기 시작했고, 대박이 났다고 한다. 전화위복의 대표적인 예로 사용해도 될 만큼 드라마틱한 이야기였다.

이날이 월요일이었는데, 유독 이 가게만 빈자리가 없었다. 그래서 수많은 사람들이 거리로 나와서 이 집의 맥주를 마시고 있었다.
밤베르크에 가면 이곳을 꼭 방문하시길 권한다. 지금까지 맛보지 못한 색다른 맥주를 마실 수 있을 것이다.

밤베르크에서의 하루는 이렇게 훈제 맥주 한 잔만으로도 충분히 만족스러운 여정이었다. Host의 따뜻한 환대와 편안한 잠자리, 그리고 함께 했던 구도심 투어는 하루를 편안히 마감하는 데 있어서 완벽한 충분조건이었다.

다음 날 아침, Host의 집 마당에 있는 식탁에서 아침 식사를 대접받았다. 아름다운 꽃나무가 피어있는 정원을 바라보며 즐기는 아침 식사는 색다르면서도 행복한 경험이었다. 이곳 Host는 중년의 여성분이었는데, 여느 어머니들이 그러하듯 나에게도 어머니의 마음으로 대해주었다. 그녀는 출발 전 베이컨과 빵 등을 이용해서 만든 샌드위치를 점심으로 챙겨 먹으라며 건네주었다. 밤베르크에서의 소중한 추억은 그렇게 따뜻한 기억으로 가슴 깊이 남아 있다.

내 아침밥의 배경이 되어준 정원의 모습. 아기자기한 정원에서의 멋진 아침 식사였다.

6.7. 강 따라 구름 따라, 정겨운 시골길

2016년 5월 10일(화).
일정 : 독일 밤베르크(Bamberg) ~ 뷔르츠부르크(Würzburg)

너무나도 맛있었던 맥주와 아름다운 건물들이 거리를 수놓았던 밤베르크를 뒤로하고, 다음 목적지 뷔르츠부르크로 향했다.

이날 길에서는 오랜만에 유채꽃을 만날 수 있었다. 그동안 지겹도록 봐왔는데, 며칠 안 봤다고 다시 보니 반갑게 느껴졌다.

어느 작은 시골 동네. 뒤에는 산, 앞에는 유채꽃 밭. 명당이 있다면 이곳일까?

모든 건물들이 외벽에 나무 기둥 장식이 되어 있는 독일 전통 가옥의 전형적인 특징을 나타내고 있다.

푸른 들판 뒤쪽 산에는 포도밭이 조성되어 있다.

시원한 독일 생맥주와 베이컨에 겹겹이 둘러싸인 바게트 빵. Host 아주머니 덕분에 멋진 점심을 먹을 수 있었다.

오전에 열심히 달린 후 점심을 먹기 위해서 하스푸르트(Haßfurt)라고 하는 작은 도시의 광장에 멈춰 섰다. 이날의 점심은 밤베르크의 Host가 싸 준 맛있는 빵과 시원한 생맥주 한 잔. 투명하게 맑은 하늘 아래 시원한 바람이 부는 마을의 광장, 그 한가운데 있는 식당의 야외 테이블에서 먹는 점심은 그 어느 고급 식당의 비싼 음식과 비교해도 손색이 없을 정도였다.

여느 유럽의 마을들과 마찬가지로 이 마을의 중심에도 작은 광장이 조성되어 있었고, 광장에는 탑과 성당이 자리해 있었다. 탑 주변에는 수많은 자전거들이 주차되어 있다. 식사 시간이라 모두 멈춰 선 모양이다.

따뜻해진 날씨와 맑은 하늘 아래 본격적인 자전거 여행 시즌이 시작되었는지, 자전거 여행객들이 제법 많이 눈에 띄었다. 가방 크기를 보아하니 다들 나처럼 장거리 여행을 하는 사람들 같았다. 그들은 어디서 시작해서 어디로 향하는 걸까, 그들의 여행길에 즐거운 만남과 행복이 가득하길 빌어주었다.

이름 모를 작은 어느 마을에서 잠깐 꿀맛 같은 휴식을 취한 후, 다시 힘차게 페달을 굴리기 시작했다.

너무도 당당하게 도로 반쪽을 점거하고 있는 탑. 철거가 안 되고 저렇게 도로 한가운데 남아 있는 걸로 봐서 꽤나 유서 깊은 탑인가 보다.

이어지는 자전거 도로는 다시 마인강변을 따라서 나 있었다. 한적하고 조용한 시골길이 쭉 이어졌다.

    이날 라이딩은 마인강을 따라서 끝없이 이어졌다. 가끔씩 마주친 사람들은 지역 주민들인지 간편한 복장으로 자전거를 타거나 산책을 하고 있었다. 잘 뚫린 자전거 도로는 아주 한산했고, 나는 천천히 멋진 주변 경관을 즐기며 여정을 이어나갔다.

    도로가 강을 따라 이어져 있다는 것은, 바로 높은 산을 넘을 일이 거의 없다는 것을 뜻하기도 했다. 뒤에 짐이 잔뜩 실려 있었기 때문에 얕은 언덕도 종종 나의 인내심을 시험하곤 했었는데, 이날의 라이딩은 평지를 따라갔기에 한결 편하고 쉽게 느껴졌다.

마인강 자전거 도로 간판 앞에서.

물과 맞닿은 곳은 저렇게 자연 그대로의 모습으로 남겨두었다.

언제 봐도 감탄밖에 나오지 않는 자전거 도로 표지판.

 길을 가다가 저 멀리 거대한 발전소를 목격했다. 마인강변에 위치한 원자력 발전소였다. 후쿠시마 원전 사태 이후 독일은 원전을 2022년까지 모두 폐쇄하기로 했고, 원전 가동을 줄여나가고 있다고 한다. 이곳 발전소도 가동을 하지 않는지 커다란 굴뚝에서는 아무런 연기도 나오지 않았다.

멀리 발전소가 보인다. 알고 봤더니 원자력 발전소였다.

너무나 아름다운 자태를 뽐내던 수국.

초지에 뜬금없이 나타난 사슴 농장. 역시 겁이 아주 많은 동물이었다. 내가 별 액션을 취한 것도 아닌데 벌써 멀리 도망가 있었다.

이날은 이렇게 큰일 없이 잘 지나가나 싶었는데, 맑고 푸르렀던 하늘이 조금씩 흐려지더니 결국 사달이 나고 말았다. 매우 거센 소나기를 만난 것이다. 당장 급한 나머지 어느 식당의 처마 아래서 잠시 비를 피했는데, 연세가 지긋한 식당 주인 할머니께서 나에게 가게 안으로 들어와서 쉬었다 가라고 말씀해 주셨다. 물에 빠진 생쥐 꼴을 하고 있는 내 모습이 아주 불쌍해 보였나 보다. 실은 가방 깊숙이 우비가 있었는데, 설마 하는 생각에 안 꺼내고 있다가 온몸이 홀딱 젖어버린 상태였기 때문이다.

주인 할머니는 화장실 사용도 허락하셨고, 돈 걱정은 말라며 약간의 과자와 따뜻한 수프도 내어주셨다. 정말 눈물이 핑 돌 정도로 융숭한 대접을 받았다. 짧은 독일어로 대화를 나눴는데, 자녀분이었나 정확하게는 기억이 안 나지만 여튼 가까운 지인 분이 한국과 인연이 있다는 것 같았다. 그렇게 나는 독일 시골 마을에서 또다시 소중한 은인을 만나게 되었다.

따뜻한 실내에서 수프를 먹으며 시간을 보내고 있으니 어느새 비가 그치고 하늘이 다시 맑게 갰다. 나는 식당 주인 할머니께 깊은 감사의 인사를 올린 다음 다시 힘차게 페달을 밟기 시작했다. 수프 파워 덕분인지 비를 맞으며 바닥까지 떨어졌던 체력은 다시 꽉 채워졌고, 금방 목적지에 도착할 수 있었다.

식당 천막 아래에 안전하게
대피해 있는 자전거.
이 식당에서 주인 할머니의
너무 극진한 대접을 받게 되었다.

드디어 도착한 뷔르츠부르크. 도시의 한가운데에는 마인(Main)강이 힘차게 흐르고 있다.

거센 비바람을 뚫고 도착한 뷔르츠부르크. 이곳 Host의 집은 구시가지가 훤히 내려다보이는 언덕 위의 아파트 제일 꼭대기 층이었다. 아파트가 높은 언덕 꼭대기에 있는 바람에 그곳까지 자전거를 타고 올라가느라 허벅지가 진짜 터져 나가는 줄 알았다.

이곳 Host의 집은 정말 전망이 끝내주는 집이었다.

사실 이곳 Host는 독일의 첫 번째 Host의 친구였다. 그녀와 대화를 하면서 여행 루트에 대해서도 이야기를 나눴었는데, 자기의 친구가 이곳 뷔르츠부르크에 산다며 나를 연결

옥상에서 환상적인 경치와 함께 즐긴 독일 소시지 바비큐 파티.

해 주었던 것이다. 덕분에 이 낯선 도시에서 또다시 융숭한 대접을 받을 수 있었다.

여행을 하면서 너무 많은 것을 바라지 않았다. 하지만 매일같이 좋은 사람들을 만나고, 멋진 음식을 먹고, 좋은 경치도 구경하고. 그렇게 순간순간이 모여서 나의 여행을 풍성하게 채워주었다. 우연은 인연이 되고, 인연은 행복이 되어 나에게로 돌아왔다. 내일은 또 어떤 즐거운 인연을 만나게 될까 행복한 상상을 하며 잠자리에 들었다.

6.8. 역사가 살아 숨 쉬는 로맨틱한 도시,
뷔르츠부르크(Würzburg)

2016년 5월 11일(수).
일정 : 독일 뷔르츠부르크(Würzburg)

이날 아침, 문을 나서는 나의 표정은 사뭇 비장했다. 이날의 목적지는 이곳에서 약 120km가 넘는 거리에 있는 프랑크푸르트였고, 이 거리는 이번 여행 최장거리였기 때문이다. 그래서 아침 일찍 길을 나섰는데, 어떻게 된 영문인지 잠시 후에 차들이 쌩쌩 달리는 도로로 들어섰고, 그곳을 빠져나와 겨우 제대로 된 길로 들어섰다 싶었는데 진짜 거짓말처럼 다시 출발지로 돌아와 버렸다. 무슨 뫼비우스의 띠에 갇힌 것도 아니고, 1시간이나 열심히 페달을 굴렸는데 출발지로 돌아와 버리니 순간 느꼈던 허탈함은 이루 말할 수 없었다.

그래서 '이건 하늘의 뜻이야'라고 스스로를 위로하면서 이날 이동을 포기하고 뷔르츠부르크(Würzburg) 투어에 나섰다. 이렇게 계획에도 없던 이 도시를 여행하게 된 것은 정말 큰 행운이었다. 아침에 길을 헤맸던 스트레스를 확 날려줄 만큼, 이 도시는 아름다움으로 똘똘 뭉친 매력적인 도시였다.

뷔르츠부르크는 독일에서 가장 아름다운 도로로 손꼽히는 로맨틱 가도[14]가 시작되는 도시이며, 마리엔베르크 요새, 알테마인 교, 마리안카펠레 성당, 뷔르츠부르크 대성당(성 킬리안 대성당), 뷔르츠부르크 궁전 등 아름다운 옛 건물들을 많이 간직한 도시다. 프랑크푸르트와 뉘른베르크의 거의 중간에 위치해 있어서 독일 중부와 남부를 이어주는 중간 기착지 역할을 하였으며, 덕분에 교역이 발달했다고 한다. 이곳을 일정상 그냥 지나치려 했는데, 우연찮게 구경할 기회가 생긴 것이다.

먼저 찾아간 곳은 마리엔베르크 요새(Festung Marienberg)이다. 이 요새 자리는 기원전 켈트족의 성채가 있던 곳인데, 이후 이곳 주교 겸 제후들의 관저로 쓰이다가 1867년 요새로 바뀌었으며, 현재는 박물관으로 사용되고 있다.

요새답게 높은 언덕 위에 위치해 있어서 자전거를 끌고 위로 위로 올라갔다. 다른 도심 투어 때와는 다르게, 이날은 자전거에 짐이 몽땅 실려 있었기 때문에 올라가는 게 여간 힘든 게 아니었다.

---

14) 로맨틱 가도(Romantische Straße)는 독일 남부 뷔르츠부르크(Würzburg)와 퓌센(Füssen)사이에 조성된 350km의 정도의 길이다. 그 명칭은 고대 로마 시대에 로마인들이 도로를 만든 것에서 유래하는데, 예쁜 성들과 도시들이 많아서 이름 그대로 '로맨틱(romantic)'한 여행을 할 수 있는 곳이 되었다. 주요 도시로는 뷔르츠부르크(Würzburg), 로텐부르크(Rothenburg), 아우크스부르크(Augsburg), 슈반가우(Schwangau), 퓌센(Füssen) 등이 있다. 디즈니랜드의 모티브가 된 성인 '노인슈반슈타인 성(Schloß Neuschwanstein)'도 바로 이 로맨틱 가도에 있다.

요새로 들어가는 길.
요새답게 입구가 좁고 견고해보였다.

화려하기보단 단정한 느낌의 건물 장식. 붉은색을 많이 사용한 것이 특이하다.

멀리 보이는
'발파르츠 성당(Wallfahrtskirche Käppele)'.

요새에서 바라본 전경.
뷔르츠부르크 시내가 한눈에 내려다보인다.

통로는 차들도 다닐 수 있을 만큼 넓게 잘 만들어져 있다.
크기도 크기였지만, 그만큼 견고해 보였다.

 이어서 간 곳은 알테마인 교(Alte Mainbrücke)이다. 이 다리는 구시가지와 마리엔베르크 사이에 놓여진 다리로 15~16세기에 건설되었는데, 다리 양옆으로는 열두 개의 성인 및 주교, 왕 등의 석조상이 세워져 있어서 카를 교와 비슷한 모습을 하고 있다. 이 다리의 이름 자체가 '오래된 마인강의 다리'라는 뜻인데, 1886년까지 뷔르츠부르크에 건설된 유일한 다리였다고 한다.

이 다리 역시 2차 세계 대전 중에 피해를 입었지만 1950년에 보수되었으며, 1992년부터는 차량의 통행이 완전 제한되어 보행자 전용 다리로 사용되고 있다고 한다.

내가 보기엔 프라하의 카를 교와
비슷해 보였는데, 다른 점이라면
관광객이 거의 보이지 않았다는 점이다.

좌측으로는 뷔르츠부르크 구시가지,
우측으로는 마리엔베르크 요새가 위치해 있다.

사랑의 자물쇠 이벤트는
과연 누가 제일 먼저 시작했을까?
이 다리에도 사랑을 확인하려는
사람들이 많이 왔다 간 모양이다.

알테마인 교를 건너서 구시가지로 들어왔다. 거리는 깨끗했고, 사람들은 한가로운 평일 오후의 일상을 보내고 있었다. 구시가지를 돌아다니다가 엄청나게 큰 교회 건물이 보이기에 안으로 들어가 보았다.

온통 백색으로 칠해진 실내.
덕분에 중앙 제단의 그림이 더욱 두드려져 보인다.

압도적인 크기와 아름다움을 뿜어내는 교회 건물.

순백색과 대비되어
더욱 눈에 띄는 조각상.

새하얀 순백의 벽과 함께
깔 맞춤을 한 오르간의 파이프.

쉴 새 없이 뷔르츠부르크 시내 구경을 하다 보니 어느새 점심시간을 훌쩍 넘겼다. 식당을 찾아 돌아다니다 어딘가 현대적인 분위기의 식당을 발견해서 안으로 들어가 보았다. 바깥에 쓰여 있던 가격이 아주 저렴해서 끌리는 곳이었다. 식당 이름은 뭔가 느낌부터 남다른 '스탠다드(Standard)'였는데, 머릿속에 있던 독일의 이미지에 딱 맞는 그런 식당이었다.

드디어 만난 1ℓ 맥주. 크기가 어마어마했다. 정말 정직하게 메뉴판에 적힌 그대로 나온 메뉴. 슈니첼과 감자, 그리고 소스.

맥주 덕에 아주 배부른 식사를 마친 후 마르크트 광장(Marktplatz)으로 향했다. 이 광장에서 큰 시장이 열리기 때문에 'Markt(시장)'이라는 이름이 붙었다고 한다. 이곳 광장에서는 뷔르츠부르크를 대표하는 건물인 마리엔카펠레(Marienkapelle, 성모교회)를 만날 수 있다. 후기 고딕 양식의 성당으로서 1377년 공사를 시작해서 약 100년 후인 1480년 완공된 이 성당은, 역시 2차 세계 대전 당시 큰 피해를 입었다가 복구된 것이라고 한다.

매우 독특한 색감을 뽐내는 성당. 강렬한 붉은 기둥이 인상적이었다.

다음으로 가본 곳은 뷔르츠부르크 대성당(Würzburger Dom / 성 킬리안 대성당)이다. 이곳 역시 멀쩡해 보이지만 제2차 세계 대전으로 인해 대부분 파괴되었다가 다시 복원한 것이라고 한다.

입구가 골목 끝에 있어서 그리 크지 않은 곳이구나 하는 생각으로 들어갔는데, 내부가 실로 엄청난 곳이었다. 그냥 지나쳤으면 정말 후회할 뻔했다.

대성당의 입구는 지극히 평범한 모습이었다.
입구 양옆에 건물들이 딱 붙어 있어서 그런지
조금 답답한 느낌도 들었다.

순백색의 성당 내부.
정말 마음까지 깨끗해지는 순백색이었다.
성상도, 벽도, 기둥도 일부를 제외한 모든 장식들이 백색이었다.

벽면 한쪽으로는 사각형의 넓은 공간이 나왔는데, 잔디밭이 잘 조성되어 있었다. 정말 그동안 봐왔던 잔디밭 중에서 가장 깔끔한 잔디밭이 아닌가 생각될 정도로 깔끔하게 잘 정돈되어 있었다.

안쪽에 이렇게 건물로 둘러싸인 사각형의 넓은 잔디밭이 있었다.

십자가에서 내린 예수님을 안고 있는
성모님을 그린 그림(피에타, Pieta)이다.

이어서 뷔르츠부르크 궁전(Residenz Würzburg)에 갔다. 이곳은 로타르 프란츠(Lothar Franz)와 프리드리히 칼 폰 쇤보른(Friedrich Carl von Schöborn)의 후원으로 지은 바로크 양식의 주교관저인데, 18세기에 완공되었지만 제2차 세계 대전 당시 공습으로 인해 많은 피해를 입었었다. 이후 오랜 복구 과정을 거쳐서 오늘날의 모습으로 복원되었으며, 1981년 유네스코 세계 문화유산으로 지정되었다.

프랑크푸르트로 가는 버스 시간 때문에 아쉽게도 건물 궁전 안에는 들어가지 않고 바깥 정원만 구경했다. 정원만 봐도 정말 아름다웠다.

고깔 모양으로 참 단정하게 관리되고 있는 나무.

궁전의 모습. 앞쪽과 뒤쪽의 모습이 사뭇 다른 분위기를 내는 듯하다.

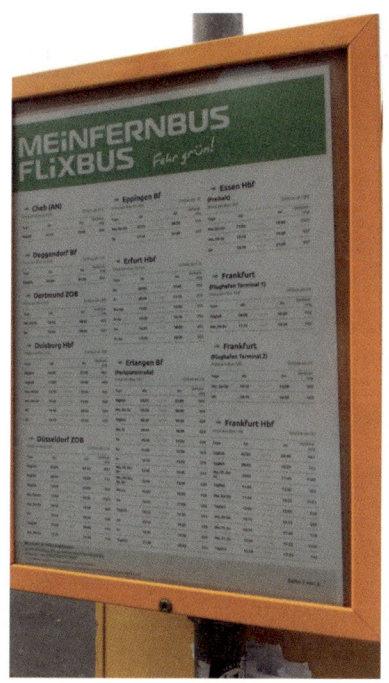

뷔르츠부르크에서 출발하는 플릭스 버스 시간표. 목적지와 출발 시간, 도착 시간 등이 적혀 있다.

궁전 구경을 마친 후 버스 시간이 다가와서 버스 정류장으로 이동했다. 버스는 '플릭스 버스 (Flixbus)'를 이용했는데, 인터넷 플랫폼을 기반으로 하기 때문에 따로 버스 터미널이 있는 것이 아니라 그냥 공터나 거리에 버스 시간표가 있고, 버스가 서 있고 그게 끝이었다.

티켓은 휴대폰을 이용해서 모바일 인터넷으로 미리 끊어놓았다. 탑승 시에는 그냥 모바일 티켓을 보여주는 것으로 확인이 끝났는데, 아주 저렴하고, 안락하고, 편안한 버스였다. 100km가 약간 넘는 거리인데, 가격은 사람은 6유로, 자전거는 9유로. 엄청 저렴했다.

이 버스에 대한 팁은 뉘른베르크 Host가 알려주었는데, 가격도 저렴하고 독일 전역을 이어주기 때문에 아마 사용하면 굉장히 편리할 것이라고 이야기해 주었었다. 실제로 직접 경험해 본 버스는 정말 안락하고 좋았다. 버스 안에는 화장실도 있어서 사용해 보았는데, 흔들리는 버스 안에서 볼일을 본다는 것이 쉬운 일은 아니었다.

버스 뒤에 실린 오골계. 안전을 위해 자전거를 제외한 모든 짐은 해체해서 짐칸에 실어야 했다.

그렇게 길을 잘못 든 덕분에 이날 뷔르츠부르크라는 귀한 보물을 얻을 수 있었다. 보석 같은 이 도시를 그냥 지나쳤으면 두고두고 후회했을 것이다.

뷔르츠부르크 궁전 안에 들어가 보지 못한 것이 정말 아쉬웠지만, 다음에 이곳에 다시 오리라 다짐하며 발걸음을 옮겼다. 더없이 맑고 쾌청한 날, 이 도시를 둘러본 나의 마음은 이날 하늘처럼 푸르렀다.

6.9. 유럽 경제의 중심, 프랑크푸르트(Frankfurt)

2016년 5월 11일(수).
일정 : 독일 뷔르츠부르크(Würzburg) ~ 프랑크푸르트(Frankfurt)

자전거로는 종일 밟아야 겨우 도착하는 거리인데, 버스를 타니 순식간에 도착했다.

FlixBus의 모습. 차체가 우리나라의 일반 고속버스보다 크다.

버스는 1, 2층으로 되어 있고, 1층 뒤쪽은 모두 짐칸이었다. 짐칸이 꽤 큰 크기였는데도 대형 트렁크 가방을 갖고 버스를 타는 사람들이 많아서 금세 꽉 찼다. 바퀴가 우리나라 버스보다 많았는데, 이곳 유럽의 고속버스는 대부분 저런 생김새를 하고 있었다.

버스를 타고 아주 편안하게 도착한 프랑크푸르트. 내린 곳은 프랑크푸르트 철도 중앙역 부근이었다. 탈 때와 마찬가지로 도착지에도 버스 터미널은 따로 없었다. 그냥 노상에 버스가 쫙 서 있고 알아서 버스를 타는 식이었다. 티켓은 인터넷으로 못 사면 현장에서 버스 차장한테 직접 구매를 하기도 했다.

프랑크푸르트 철도 중앙역(Frankfurt Hauptbahnhof).
중앙역 알파벳이 꽤 긴데, 약자로는 HBF라고 쓴다. 바로 이곳이 유럽 철도 교통의 중심지다.

프랑크푸르트 Host의 집에 도착한 후 짐을 풀고 함께 동네 구경을 나왔다. 이곳의 Host는 아주 밝은 아가씨였는데, 여러 친구들과 함께 프랑크푸르트 시내 근처에서 월세를 살고 있었다. 자신의 방을 나에게 내주고, 본인은 내가 이곳에 머무는 동안 다른 방에서 지낸다고 했다.

동네 공원을 유유히 지나가고 있는 새 가족들.
놀라운 것은 이곳이 시골이 아닌 프랑크푸르트 도심 한복판에 있는 공원이라는 점이다.

도착 시간이 조금 늦은 시간이었기 때문에 다른 곳을 둘러보지 않고 바로 저녁 식사를 하러 갔다. Host의 안내로 방문한 식당은 사람들로 가득 들어차 있었기 때문에 식당 구석에 겨우 자리를 차지할 수 있었다.

내 요리는 프랑크푸르트 소시지와 으깬 감자, 그리고 뭐 이것저것, Host의 메뉴는 으깬 감자로 고깃덩어리를 둘러싼 동그란 음식 등. 프랑크푸르트에서의 첫날 밤은 맥주 한 잔의 즐거움과 함께 깊어갔다.

다음 날, 프랑크푸르트 시내 구경을 나왔다. 이날은 오전에 비가 내려서 느지막이 일어나 고국에 안부 전화도 한번 돌리고 시간을 보내다가 비가 그친 후에 시내로 향했다.

프랑크푸르트는 독일 헤센 주(Land Hessen)에서 가장 큰 도시로서 정식 명칭은 '프랑크푸르트 암 마인(Frankfurt am Main)'이고, 프랑크푸르트는 약칭이다. 독일 브란덴부르크 주의 폴란드와 국경을 이루는 오데르강 연안에 같은 이름의 도시(프랑크푸르트 오데르, Frankfurt Oder)가 있기 때문에 구분을 짓기 위해서 그렇게 불린다고 한다.

프랑크푸르트 시내. 대부분의 건물들이 현대적인 신축 건물들이었다.
뷔르츠부르크에서 금방 넘어온 나는, 중세에서 갑자기 21세기로 건너뛴 느낌이었다.

프랑크푸르트는 상당히 유서 깊은 도시이기도 한데, 12세기에 벌써 도시가 형성되어 있었을 만큼 오랜 도시이다. 구시가지는 다른 독일의 도시들과 마찬가지로 제2차 세계 대전 때 대부분 파괴되었으나, 독일의 경제, 교통의 중심지로서 빠르게 복구되어 오늘날 독일 내에서 가장 활기찬 도시 중 하나로 알려져 있다.

프랑크푸르트는 유럽의 중앙에 위치해 있기 때문에, 프랑크푸르트암마인 국제공항(Flughafen Frankfurt am Main), 프랑크푸르트 중앙역(Frankfurt Hauptbahnhof) 등은 오늘날 유럽과 전 세계를 잇는 가교 역할을 하고 있으며, 독일의 높은 경제력 덕분에 세계적인 경제 금융 중심지의 역할도 수행하고 있다.

유럽 경제의 중심답게 거대한 유로화 조형물이 세워져 있다. 뒤의 건물이 바로 유로화를 공식 발행하는 유럽 중앙은행이다.

대부분 현대적인 모습으로 바뀐 프랑크푸르트이지만, 과거의 모습을 잘 간직하고 있는 곳도 있었다. 바로 프랑크푸르트 구시가지의 중심인 '뢰머 광장(Römerplatz)'이다. 여느 광장과 마찬가지로 이 광장에는 성당, 시청사가 있으며, 광장 중앙에는 동상도 있었다. 뢰머라는 말은 '로마인'이라는 의미를 지니는데, 이 광장이 고대 로마인들이 정착했던 곳이라서 그런 이름이 붙여졌다고 한다.

뢰머 광장으로 가는 길. 건물과 건물을 잇는 구름다리가 인상적이다.

뢰머 광장에는 독일의 전통 건축 양식을 잘 보여주는 15~18세기의 건물들이 몰려 있다. 광장에 있는 구 시청 건물은 1405년 시에서 저택 3채를 사서 시청으로 사용하기 시작했다고 한다.

뢰머 광장의 모습. 이곳의 건물들은 독일 전통 양식의 특징을 잘 보여주고 있다.

유럽의 광장에 종교 건축물이 빠질 수 없다. 이 교회의 이름은 성 니콜라이 교회(Alte Nikolaikirche)이다.

광장 중앙에 있는 정의의 여신 유스티치아 동상과 분수대(Justitia Brunnen). 동상 오른손에는 검이, 왼손에는 저울이 들려 있다.

프랑크푸르트의 구 시청 건물. 테트리스 블록 같은 지붕 모양이 인상적이다.

광장 주변에 있던 어느 레스토랑 건물의 입구. 아주 멋들어진 인테리어라서 카메라에 담아보았다.

다음으로 찾아간 곳은 프랑크푸르트 대성당(Frankfurt Kathedrale). 이 성당은 사암으로 건설되어 다른 곳에서는 보기 힘든 장밋빛 붉은색으로 물들어 있으며, 성 바르톨로메오 대성당(Kaiserdom St. Bartholomäus)으로도 불린다. 이곳은 과거 신성 로마 제국의 황제를 선출하던 장소이자, 황제의 대관식이 열리기도 했기 때문에 '카이저돔(Kaiserdom)'이라는 별칭으로도 알려져 있다.

성당의 외관과 내부 제대. 붉은색 벽이 눈에 확 들어온다.

붉은 성당 벽 앞에 아름다운 성화와 조각들이 전시되어 있다.

성당 구경 후 음료수를 사러 슈퍼마켓에 들렀다. 그곳에서 아주 반가운 제품을 만났는데 바로 소주였다. 우리나라에서 사 먹던 가격하고는 차원이 달랐는데, 이곳에서는 수입한 술이니까 비싼 건 당연하겠지만 살짝 아쉬운 마음도 들었다. 하지만 괜찮았다. 이곳엔 맥주가 있으니까.

이 도시에서 유럽 입성 후 처음으로 한국 식품점도 발견했다. 물론 다른 도시들에도 있었겠지만 이렇게 한글 간판을 직접 찾은 것은 처음이었다. 그동안 중국 식당은 여러 번 봤었는데, 한글을 보니 괜히 반가운 마음이 들었다.

Chum-Churum(처음처럼) 소주는 무려 3560㎖. 이 사람들도 오타는 별 수 없는 모양이다. Chamisul(참이슬)도 반가웠다.

유럽 입성 후 처음 발견한 한국 음식점. 제법 많은 사람들이 이곳에서 밥을 먹고 있었다.

그렇게 유유자적 돌아다니던 중 독일 전통 시장을 발견했다. 이런 멋진 구경거리는 당연히 놓칠 수 없을 뿐만 아니라, 방금 전 한국 식품점에서 식욕이 한껏 올라왔기에, 얼른 먹을 것을 사러 시장 안으로 들어갔다. 우리나라처럼 이곳에서도 많은 사람들이 좌판에서 한 끼 식사를 해결하고 있었다. 마침 점심시간이었기에 나 역시 이곳에서 끼니를 해결하기로 했다.

겉으로는 정육점처럼 보이는 상점의 냉장고 안에는,
일반적인 고기들 대신 소시지 같은 가공육들이 자리를 가득 채우고 있었다.

유럽의 시장에서 빠지지 않고 등장하던 꽃 가게.
장미, 튤립 등 다양한 종류의 꽃이 판매되고 있었다.

수많은 사람들이 시장에서 점심을 즐기고 있다. 시장에서 즐기는 와인 한 잔의 여유.

나의 시선을 잡아끈 것은 바로 이 닭 요리. 오랜만에 치맥을 먹기로 결심했다. 반 마리 가격은 6.9€(약 9,100원)였다.

마침 시장이 열린 곳이 Host의 집 근처였기 때문에 나는 맥주 한 병과 치킨을 사들고 집으로 향했다. 집에서 편하고 느긋하게 밥을 먹고 싶었기 때문이다. 바삭하게 잘 튀겨진 닭은 정말 너무나도 맛있었다. 한국에서는 혼자 한 마리를 다 먹을 때도 있었는데, 여기는 닭이 좀 큰지 겨우 반 마리를 먹었는데도 배가 불러왔다.

밥을 먹고 난 후 Host와 함께 외출에 나섰다. 일단 먼저 들른 곳은 자전거 가게. 얼마 전 뉘른베르크에서 샀던 짐받이가 어떤 이유에서인지 부러지는 바람에 다시 사야 했기 때문이다. 이번에는 정말 튼튼한 놈으로 사리라 다짐하며 가게로 들어섰다. 이곳 Host 역시 자전거 마니아였기 때문에 좋은 자전거 가게를 알고 있었고, 덕분에 가장 튼튼하고 멋진 놈을 장착함으로써 다시 자전거에게 새 생명을 불어넣어 주었다.

오골계에 새로 장착된 자전거 짐받이.
뒤에 Host를 태우고 달리는 고강도 테스트까지 무사히 통과했다.

자전거를 고친 후 Host의 친구가 아르바이트를 하고 있는 아이스크림 가게로 향했다. 다양한 맛의 아이스크림이 진열되어 있었는데, 맛이 인공적이지 않고 천연 과일 그대로의 맛이 나는 아주 좋은 아이스크림이었다.

활달하면서도 밝았던 Host의 친구.
가게 안에는 수많은 종류의 천연 아이스크림이 진열되어 있었고,
나는 과일 맛 붉은색 아이스크림을 먹었다.

아이스크림을 먹고 나서 도심 투어에 나섰다. 약간 흐린 날씨를 보이던 프랑크푸르트의 평일 오후는 세계적인 교통 허브이자 경제 중심지라는 칭호가 무색할 정도로 평온하고 조용한 모습이었다. 몇 번 겪어본 서울의 평일 오후에 비하면 적막강산이나 다름없었다.

다리에서 바라본 프랑크푸르트 시내의 모습. 시가지에 세워진 고층건물들의 모습이, 지금껏 여행한 다른 유럽의 대도시들과는 색다른 풍경을 자아냈다.

다리에서 발견한 초소형 자동차. 2인승 차량이었는데, 크기가 정말 엄청나게 작았다. 복잡한 시내에서 주행하기에는 제격일 듯싶었다.

높이 솟은 타워. 오랜 세월이 타워 곳곳에 녹아들어 있지만, 직접 만져 보고 올라가 본 결과 아주 튼튼함을 느낄 수 있었다.

이어서 찾아간 곳은 프랑크푸르트에서 가장 높은 목조 타워인 괴테 타워(Goethe Turm). 타워의 높이는 약 43.3m인데, 1867년에는 약 22m 높이의 타워로 세워졌었고, 이후 1931년 유대인 사업가 구스타프 게르스트(Gustav Gerst)의 후원으로 현재의 모습으로 재건되었다고 한다. 1900년대 초 독일에서 유대인 사업가의 후원이라니, 그는 자기 민족의 미래를 과연 알고 있었을까?

어쨌든, 이 타워는 1932년 괴테 사망 100주년을 앞두고 괴테 타워로 이름 붙여졌는데, 주변에 넓은 숲과 공원, 다양한 놀이기구들이 있어서 주말 나들이에 딱 좋을 것 같았다.

시야를 막는 산이 없기 때문에 이 정도 높이만 올라와도 엄청 멀리까지 볼 수 있다. 저 멀리 프랑크푸르트 시내가 보인다.

타워 구경 후 다시 마인강변으로 향했다. 가는 길에 Host의 자전거 타는 모습이 독특해보여서 물어보니 아니나 다를까 일반 자전거가 아닌 픽시 자전거(Fixed Gear Bike)[15]라고 했다. 처음 보는 자전거가 신기해서 한번 타보았는데, 일반 자전거에 너무나도 익숙해져 있어서 그런지 픽시 자전거를 타는 것이 엄청나게 힘들었다. 결국 얼마 못 가서 항복을 외치고 다시 내 자전거를 타고 달렸다. 픽시 자전거를 타고도 나의 속도를 능가하는 스피드를 내던 Host가 정말 대단해 보였다.

---

15) 고정 기어 자전거. 기본적으로 브레이크가 없으며, 자전거 구동계가 고정되어 있기 때문에 페달과 바퀴가 항상 같이 돌아간다. 즉, 바퀴가 굴러갈 때는 동일한 속도로 항상 페달이 굴러가고, 페달이 멈추면 바퀴도 함께 멈추는 것이다. 이런 특성 때문에 일반 자전거로 할 수 없는 후진도 가능하다. 대신 내리막을 내려갈 때도 페달을 계속 밟아줘야 한다.

저녁 무렵의 마인강은 무척이나 평화로워 보였다. 강변은 사람들이 휴식을 취할 수 있는 잔디밭과 공원, 카페, 자전거 도로, 산책로 등으로 채워져 있었다. 많은 사람들이 산책을 하거나 강에서 조정이나 카약 등을 즐기고 있었는데, 시민들 모두 저녁이 있는 삶, 여유롭게 즐기는 삶을 사는 모습이었다.

마인강을 가로지르는 보행자 전용 다리인 '아이스너 다리(Eiserner Steg)'.

마인강변에서 즐기는 맥주 한잔의 여유.

프랑크푸르트의 평화로운 오후 한때.

국제 금융 도시이자 교통의 허브이지만, 프랑크푸르트는 나에게 숨 가쁘게 돌아가는 대도시의 모습보다는 여유가 넘치는 인간적인 도시로 다가왔다. 뢰머 광장과 괴테 타워도 좋았지만, 온갖 소시지가 널려 있던 시장과 사람들의 여유가 느껴지던 마인강변의 산책이 특히 인상적이었다.

6.10. 아기자기한 역사의 도시, 림부르크안데어란(Limburg an der Lahn)

2016년 5월 13일(금).
일정 : 독일 프랑크푸르트(Frankfurt) ~
림부르크안데어란(Limburg an der Lahn)

이날은 13일의 금요일. 13일의 금요일이라니! 뭔가 무슨 일이 일어나야만 할 것 같은 날이지만, 아주 평화로운 아침이었다. 나는 이날 프랑크푸르트를 떠나서 림부르크안데어란(Limburg an der Lahn)이라는 도시로 떠났다.

출발할 때는 날씨가 아주 좋았다. 구름 한 점 없는 푸른 하늘은 보기만 해도 속이 뻥 뚫리는 느낌이었다.

프랑크푸르트의 가로수. 참 오래도록 기억에 남는 나무였다.
이 사이를 자전거로 달리다보니 이상한 나라의 앨리스가 된 느낌이 들었다.

마인강을 가로지르는 또 다른 보행자 전용 다리. 홀바인 다리(Holbein Steg)이다.

둥근 빌딩이 예쁜 자태를 뽐내고 있다.

높은 아파트가 아닌, 아기자기한 저층 건물들이 강변에 줄지어 서 있었다.

언제 어디서나 나를 실망시키지 않는 독일의 자전거 도로. 프랑크푸르트의 자전거 도로 역시 아주 깔끔하게 잘 포장되어 있었다. 마인강을 따라 이어지는 자전거 도로에는 제법 많은 사람들이 눈에 띄었다. 여느 유럽의 도시들과 마찬가지로 이곳도 도심지를 벗어나자마자 푸른 풀밭과 숲이 나타났다.

프랑크푸르트의 자전거 도로. 매우 잘 포장되어 있다.

휴식 장소로 낙점된 다리 아래의 터널.
유럽 어느 곳에서나 이와 비슷한 장소에는 어김없이 그라피티(graffiti)가 그려져 있었다.

언제 봐도 듬직한 독일의 자전거 표지판.
의자에 앉아 잠시 쉬고 싶었으나 햇빛이 강해서 금세 포기.

강을 벗어나서 오랜만에 숲길로 들어섰다. 숲길로 들어서니 오르막 내리막도 제법 있고 비포장도로도 간혹 있었는데, 시원한 나무 그늘 아래서 새들의 노랫소리를 들으며 달리는 덕에 피곤한 줄 모르고 달릴 수 있었다.

산 속에서 만난 철도 건널목. 이런 외진 곳에도 십자가가 세워져 있었다.
열차가 많이 다니지 않는 길이라 그런지 건널목에 차단기도 없었다.

정말 오랜만에 들어선 비포장 숲길.
숲의 향기를 가슴 깊이 느껴볼 수 있어서
아주 좋았다!

얼마나 달렸을까, 숲을 벗어나 산속에 있는 마을에 들어섰다. 길은 계속해서 오르막을 향해서 달려가고 있었다. 정말 오랜만에 산길을 달리려니 많이 힘들었다. 게다가 여느 길과는 달리 이 마을 안의 도로는 경사도 엄청 심했다.

정말 한참을 달린 것 같은데,
아직도 프랑크푸르트가 어렴풋이 보였다.

이 산중 마을에 있던 22% 경사도의 도로.
직접 보니 후덜덜했다.
천만다행으로 내가 가야 하는 길은 아니었다.

마을을 벗어나 다시 들어선 숲길.
이날 정말 여러 번 숲속 길을 들어갔다.

초원에서 한가로이 풀을 뜯고 있는 말들.
말 목장이 굉장히 많았다.

숲속 길이 많아서 조금 힘들긴 했지만, 정말 힘든 일은 나중에 일어났으니, 다름 아닌 비가 내리기 시작한 것이다. 출발할 때는 분명 아주 맑고 쾌청한 날씨였는데, 어느 순간 하늘이 흐려지기 시작하더니, 금세 굵은 빗줄기가 사정없이 내리기 시작했다. 이럴 때는 선택을 잘해야 한다.
'계속 전진할 것인가, 아니면 멈춰서 비가 그칠 때까지 기다릴 것인가!'

나는 하늘을 보고 곧 비가 그칠 것으로 판단하고 잠시 비를 피해서 쉬기 시작했다. 어느 건물 아래로 들어갔는데, 평일 오후인데도 문이 굳게 닫혀 있었다.

잠시 후 비가 그쳤고 다시 발걸음을 재촉했다. 목적지까지 자전거로 1시간 정도밖에 남지 않은 거리였기 때문에, 속도를 바짝 올리면 다시 비를 만나기 전에 도착할 수 있을 거라 기대하면서 페달을 열심히 굴렸다. 비가 내린 오후의 독일 시골 마을은 정말 한적하고 조용했다. 거리에는 개미 새끼 한 마리 보이지 않았다.

그렇게 열심히 달렸는데, 결국 거리에서 세 번째로 이날 가장 강한 빗줄기를 만나게 되었다. 다행히 비를 피할 곳을 찾아서 안으로 들어가 비를 피했고, 언제 그칠지 모르는 빗줄기를 바라보며 기약 없는 휴식을 취하기 시작했다. 괜히 '비처럼 음악처럼', '비 오는 날의 수채화' 같은 비와 관련된 노래도 불러보고, 고국에 있었다면 이런 날 분명 먹었을 부침개와 막걸리를 떠올려보기도 하면서 시간을 보냈다. 비를 피해 멈춰선 곳은 어느 건물로 들어가는 통로였는데, 다행히 넓고 아늑한 공간이라서 오랫동안 비를 피하는 데도 큰 어려움이 없었다.

비가 어찌나 거세게 내리는지, 금세 물웅덩이가 생겼다.
거리의 차들도 모두 전조등을 켜기 시작했다.

이날은 높은 산을 넘기도 했고, 비를 여러 번 만나는 바람에 예상보다 시간이 많이 지체되었다. 그래서 비가 개자마자 다시 열심히 페달을 밟기 시작했다. 땅에서는 상쾌한 비 냄새가 올라왔고, 한바탕 엄청난 비를 쏟아낸 하늘은 언제 그랬냐는 듯 맑게 개었다.

안전하고 넓은 곳에서
잘 대피하고 있는 오골계.

작은 마을에서 만난 성당. 네모반듯한 벽돌이 아닌, 다양한 모양의 돌로 지은 이 성당은 정말 아름다워 보였다.

그렇게 비를 뿌려대더니, 언제 그랬냐는 듯 하늘이 푸르게 물들고 있다.

그렇게 나름 모진 비바람을 뚫고 목적지인 림부르크안데어란에 도착했다. 림부르크안데어란(Limburg an der Lahn)은 독일 헤센(Hessen) 주에 속하는 작은 도시이다. 외국인들보다는 독일인들이 주로 찾는 관광지라고 하는데, 우리의 안동이나 전주처럼 도시인들이 독일의 전통 가옥 및 옛 생활상을 체험하는 곳으로 유명하다고 한다.

림부르크안데어란은 프랑크푸르트나 뮌헨, 쾰른처럼 외국에 많이 알려진 도시는 아니지만, 아주 유서 깊은 역사의 도시이다. 12세기에는 란(Lahn)강을 가로지르는 다리가 건설된 후 교역의 중심지로 우뚝 섰고, 바로 이 시기에 축적된 자본을 바탕으로 림부르크 대성당(Limburger Dom)을 건설했는데, 이 대성당은 오늘날 이 도시의 랜드마크로서, 과거 독일의 500마르크 지폐의 뒷면에 사용된 적이 있을 만큼 중요한 건물이라고 한다.

림부르크에는 란강이 흐르고 있는데, 이 도시의 정식 명칭인 림부르크 안 데어 란(Limburg an der Lahn)은 '란강가의 림부르크'라는 뜻이다.

운 좋게도 이 작은 도시에서도 Host를 구한 나는, 집에 짐을 풀자마자 밖으로 나왔다. 비 때문에 시간이 많이 지체되었는데, 해가 조금씩 길어져서 그런지 꽤 늦은 시간이었는데도 바깥은 굉장히 밝았다. 이 도시를 구경할 시간이 이날 저녁밖에 없기에 최대한 서둘러서 밖으로 나왔다.

가로수에 핀 아름다운 꽃들. 형형색색의 꽃들이 정말 예쁘고 아름다웠다.

림부르크에 도착하니 하늘이 어찌나 맑고 푸르른지, 마음이 또 뻥 뚫렸다. 하늘만 보면 아까 비가 내렸는지도 모를 지경이었다.

저녁 8시경의 하늘. 아직도 한낮처럼 하늘이 파랗다.

무엇을 경고하는 표지판일까? 나름 추측한 뜻은
'주택가에 가족들이 공놀이를 하고 있을지도 모르니 차들은 조심해서 다녀라'였다.

이어서 간 곳은 콘마르크트(Kornmarkt) 광장. Korn은 독일어로 곡물 등을 뜻하는데, 이 광장이 과거에 곡물을 거래하던 장터여서 이런 이름이 붙었다고 한다.

이곳이 바로 콘마르크트 광장이다. 크기는 좀 작았다.

오래된 림부르크의 건물들은 하나의 특징을 갖고 있었는데, 바로 2층이 1층보다 튀어나와 있다는 점이다. 옛날 이곳에서는 주택에 대한 세금을 1층 건물이 차지하는 면적을 기준으로 부과되었는데, 1층 면적을 좁게 하고 2층 이상을 넓게 지어서 공간을 확보하려 했고, 그런 이유로 2층 이상을 튀어나오게 지었다고 한다. 덕분에 이렇게 독특한 모습의 건물들이 많이 지어졌다.

이곳 거리의 옛 건물들 대부분은 한 층 한 층
올라갈수록 건물이 더 튀어나오는 독특한 모습을 하고 있었다.

골목 한쪽에 있던 천사 조각상.

다음은 림부르크의 중심인 림부르크 대성당(Limburger Dom). 1235년 봉헌된 이 성당은 이후 화재로 소실되어 1289년 재건축을 하였고, 이후 몇 번의 보수를 거쳐서 오늘에 이르고 있다.

림부르크 대성당의 앞쪽 모습.

'림부르크안데어란(Limburg an der Lahn)'이라는 이름의 기원이 되는 란(Lahn)강의 모습이 수풀 사이로 어렴풋이 보인다.

이곳 담장에도 어김없이 등장한 자물쇠. 영원한 사랑을 바라는 마음은 독일인들도 별반 다르지 않은가 보다.

조금 늦게 도착한 탓에 림부르크 대성당의 문도 굳게 닫혀 있었다. 아쉬운 마음에 성당을 이리저리 돌아다니던 나는 아름다운 노랫소리에 이끌려 성당 뒤쪽에 있는 건물로 향했다. 그곳에서는 성가대 사람들이 성가 연습을 하고 있었다. 나는 오랫동안 그 노랫소리에 취해서 자리에서 꼼짝 않고 노래를 들었다. 창밖으로 울려 퍼지는 그들의 노랫소리는 이날 하루 여행으로 피곤했던 몸과 마음을 깔끔하게 회복시켜 주었다. 해 지는 저녁 어느 유럽 도시에서 귀동냥으로 듣는 미니 콘서트. 나에게는 너무나도 값진 선물이었다.

대성당에서 내려온 후 천천히 걸으며 도심 탐방을 시작했다. 작은 도시답게, 거리에 차와 사람들은 거의 보이지 않았다. 몇몇 술집만이 환하게 불을 켜고 있을 뿐이었다. 그 술집들에서는 가족, 혹은 친구들과 소중한 시간을 보내는 사람들의 행복한 웃음소리와 즐거운 대화가 흘러 나왔다.

오랜 성벽을 파손하지 않고 그대로 살린 멋진 건물.

홀로 즐기는 림부르크안데어란 도심 투어. 늦은 시간이라 대부분 문을 닫았지만, 윈도우 쇼핑(window shopping)을 즐기기에는 제격이었다. 물건들이 진열된 창의 불이 켜진 상점이 제법 있어서 구경하는 데는 별 지장이 없었다.

구시가지 어디서도 보이는 림부르크 대성당.
카페는 이미 문을 닫았고 테이블과
의자만이 자리를 지키고 있었다.

독일 전통 복장을 모티브로 만든 듯한 여성복.

전통가옥의 모습들. 모두 위층으로 올라갈수록 면적이 더 넓어진다.　　림부르크 대성당을 모델로 한 작품들.

　그렇게 짧은 림부르크 도심 투어를 끝내고, 아주 늦은 저녁을 먹으러 식당으로 향했다. 이 시간에는 문을 연 식당을 찾는 것도 일이었다. 술집은 열려 있어도 식당은 대부분 닫혀 있었기 때문이다. 샅샅이 뒤진 끝에 몇몇 문을 연 식당들을 찾았고, 괜히 고향의 맛이 당겨서 고향의 맛과 가장 비슷한 맛을 낼 것 같은 중국집으로 향했다. 아무리 작은 시골이라도 중국집 하나씩은 꼭 있었다.

잠시 후 음식이 나왔다. 양이 좀 적고　　실내 인테리어가 제대로 중국집이다.
국물이 없는 게 아쉬웠지만, 나름 괜찮았다.　독일 식당에서 즐기는 익숙한 풍경.

그렇게 길었던 이날 하루를 마감하고 Host의 집으로 돌아왔다. 림부르크 Host는 영어 선생님이었는데, 영어 발음이 역시 엄청났다. 지금까지 여행을 하면서 꽤 당당하게 영어를 구사했었는데, 막상 영어 선생님의 유창한 영어를 들으니 머릿속이 새하얘지는 것은 어쩔 수 없었다. 덕분에 오랜만에 단어장과 번역기가 총동원되었다. 그녀는 나를 생각해서 쉬운 단어를 사용해서 말을 하긴 했는데, 물 흐르듯 굴러가는 발음에 그만 내 두뇌가 활동을 멈춰버렸기 때문이었다.

비를 몇 번이나 만나서 그런지, 이날 밤은 몸이 제법 피곤했고 잠도 일찍 들었다. 다음 날 아침, 짧았던 림부르크와의 만남을 뒤로하고 다음 목적지로 향할 준비를 마쳤다. 이날의 목적지는 옛 서독의 수도인 본(Bonn)! 출발 전 드는 생각은 이거 하나였다. '아, 오늘 제발 비만 오지 마라!'

6.11. 서독의 수도, 베토벤의 고향, 본(Bonn)

2016년 5월 14일(토).

일정 : 독일 림부르크안데어란(Limburg an der Lahn) ~ 본(Bonn)

작지만 아름다웠던 도시 림부르크를 떠났다. 이날의 목적지는 분단 독일 시절, 서독의 수도였던 본(Bonn)이다.

오래전 만들어진 듯한 철로 옆으로 길이 나 있었다. 란(Lahn)강이 철로 아래를 유유히 흐르고 있다.

길에서 만난 어느 작은 시골집. 집 마당에 아기자기한 인테리어가 시선을 사로잡았다.

다행히 이날은 나의 간절한 바람대로 날씨가 아주 좋았다. 구름도 적당히 있고, 바람도 적당히 불고. 자전거를 타고 달리기에는 더할 나위 없이 좋은 날씨였다.

길이 갑자기 왜 이러지? 이날도 결국 산길을 지나고야 말았다.

계속된 오르막에 지쳐 결국 휴식을 취하기로 결정했다. 마침 점심시간 즈음이 되어서 밥을 먹었다. 역시 쉬는 데는 버스 정류장만 한 게 없

점심을 먹고 휴식을 좀 취하니 힘이 다시 났다. 약간은 무거워진 발걸음을 다시 재촉했지만, 이날은 한참 동안 산을 더 타야 했다.

돈키호테(Don Quixote)인 듯하다. 철판으로 만든 멋진 기사님.

그렇게 달리다가 어느 작은 마을에 도착했다. 이 도시에서는 재미있는 광경을 목격했는데, 거리 한복판에 커다란 체스판이 있었고 어르신들이 작은 아이만 한 체스 말을 이리저리 옮기며 즐거운 한때를 보내고 계셨다. 옆에 구경하면서 훈수 두는 아저씨까지, 왠지 우리나라의 공원에서 장기나 바둑을 두는 어르신들이 생각났다. 이런 모습은 아마 세계 공통인 모양이다. 과연 이 치열한 승부에서 승리를 거둔 분은 누구였을까?

길 한복판에 그려진 체스판에서 즐거운 한때를 보내고 계시는 어르신들.

독일 소도시의 풍경. 고층 빌딩은 찾아볼 수 없고 대신 나무들이 아주 울창하다.

여느 때처럼 도심지를 벗어나자마자 바로 전원 마을이 나왔다. 그곳에는 갖가지 형태의 멋진 집들이 나를 기다리고 있었다. 전원 마을을 지나자 너른 포도밭이 나타났는데, 놀랍게도 이 포도밭은 평지가 아니라 경사가 어마어마한 산기슭을 따라 조성되어 있었다. 정말 보면서 혀를 내두를 수밖에 없었다.

길가에 있던 예쁜 집.

포도밭 입구에 있던 십자가.

산의 윗부분까지 포도밭을 만들었다.

이날은 이렇게 평범한 여행이 되는가 보다 했는데, 나의 하루를 즐겁게 변화시켜준 축제를 만났다. 강변에 수많은 텐트가 쳐져 있었고, 옛날 중세 시대 옷을 입은 사람들이 나타난 것이다. 주말을 맞아서 옛날 시대를 재현하는 축제가 열린 모양이었다. 나 역시 들어가서 제대로 한번 구경해보고 싶었지만, 울타리가 길게 쳐져 있어서 안으로 들어가지는 못하고 그냥 밖에서 구경할 수밖에 없었다. 하지만 그렇게 구경하는 것만으로도 충분히 흥미로운 축제였다.

갑자기 눈앞에 나타난 중세 시대. 타임머신을 타고 놀러온 느낌이었다.

길을 걷고 있는 레게 머리 기사님.

라인강을 지나는 유람선. 엄청난 길이의 차량 운송 열차도 만났다. 처음부터 끝까지 지나가는 데 몇 분은 걸렸던 것 같다.

그곳을 지난 잠시 후, 아주 오래전 파괴된 듯한 다리의 교각을 볼 수 있었다. 뭔가 크기도 크고 파괴된 현장을 이렇게 보존하고 있는 것을 보니 뭔가 역사적인 곳일 것이라고 예상했는데, 알고 봤더니 2차 세계 대전 당시 치열한 공방전 끝에 연합군에게 점령되었던 루덴도르프 철교(Brücke der Ludendorff / 지역 명칭을 써서 레마겐 철교(Brücke von Remagen)라고 함)였다.

2차 세계 대전 당시 라인강의 다른 모든 다리들은 폭격으로 거의 다 파괴되었고 이 다리 하나만 남아 있었는데, 이 다리 역시 여러 차례 독일의 폭격을 맞긴 했으나 연합군은 우여곡절 끝에 1945년 3월 7일 이 다리를 탈취하여 라인강을 건넜다. 이 다리는 연합군이 베를린이 있는 동쪽으로 진격할 수 있는 중요한 전략 지점이었기 때문에, 이곳에서는 다리를 붕괴시키려는 독일군과 사수하려는 연합군의 치열한 전투가 벌어졌다고 한다.

다리를 빼앗긴 독일의 격렬한 포격으로 결국 1945년 3월 17일 이

다리는 끝내 붕괴되었고, 이후 교량은 재건되지 않았으며 파괴된 다리의 양쪽 교각만이 오늘날까지 남아있다.

1957년에는 미국 작가인 켄 헥슬러(Ken Hechler)가 '레마겐의 철교'라는 작품을 발표했으며, 1968년 이 소설 내용을 토대로 동명의 영화가 발표되면서 이 철교 역시 유명세를 탔다.

강 건너 교각에 위치한 레마겐 평화 박물관(Friedens Museum).
레마겐의 철교(Brücke von Remagen)라는 이름이 선명히 적혀 있다.
2차 세계 대전 당시 이곳은 치열한 전투의 현장이었다.

그렇게 잠깐의 구경을 마친 나는 다시 발걸음을 재촉했다. 본에 가기 전에는 본이 옛 서독의 수도라서 높은 건물도 엄청나게 많고 상당히 큰 규모를 자랑하는 대도시일 것으로 예상했는데, 본에 거의 다 왔음에도 높은 건물을 쉽게 구경해볼 수 없었다. 거리상으로는 분명 얼마 남지 않았는데 주변 경치는 여전히 산비탈을 깎아 만든 포도밭과 유유히 흐르는 라인강의 모습이 전부였다.

라인강변에서. 다가가기 편하게 원래 모습대로 보존해 놓았다.

조금 더 가니까 그제야 슬슬 도시의 모습이 보이기 시작했다. 큰 다리도 보이고, 높은 건물들도 조금씩 보이기 시작했다. 그런데 본에 거의 다와 갈 무렵, 이번 여행 중 첫 사고를 당했다. 내리막을 내려가고 있었는데, 오르막을 올라가던 어떤 소녀와 정면으로 충돌하고 만 것이다.

소녀는 앞으로 그대로 고꾸라져서 울기 시작했고, 소녀와 함께 자전거를 타던 어머니와 할머니가 나에게 다가왔다.

앞서 가던 소녀의 할머니는 내가 외국인이고 독일어를 잘 할 줄 모른다는 것을 알고는 주변 사람들을 통해 어떻게 사고가 났는지에 대해서 들었다. 충분히 설명을 들은 후 내게 다가온 할머니는 나에게 아이가 어느 방향으로 어떻게 넘어졌는지에 대해 물었고, 나는 짧은 독일어와 영어를 섞어가며 할머니에게 설명을 해주었다.

다행히 아이와 나 둘 다 크게 다친 곳이 없었고, 다만 아이의 자전거 브레이크가 내 가방과 강하게 부딪히면서 망가져 있었다. 나는 그것이 걱정되어 안절부절 못하고 있었는데 '아이가 아무 데도 안 다쳤으면 됐다. 자전거는 그냥 고치면 되는 것이다'라는 말을 건네는 할머니의 말에 안도의 한숨을 내쉬었다.

물건이 고장 났으면 새로 사거나 고치면 되는 것이지만, 사람이 다쳤으면 큰일이다. 그래서 그 할머니는 아이가 혹시나 어디를 다쳤는지 알아보기 위해서 나에게 '아이가 넘어진 방향'을 물었던 것이고, 아이가 아무 곳도 다치지 않은 것을 확인하고는 나를 안심시켜 주었던 것이다. 사실 아이가 오르막길에서 핸들 제어를 제대로 하지 못해서 내가 내려가던 방향으로 오는 바람에 부딪힌 사고였기에, 사고가 난 직후 나에게 뒤집어씌우면 한바탕 제대로 해 볼 준비도 되어 있었는데, 물건의 안위보다 '사람'의 안전 여부를 먼저 살피던 할머니 덕분에 내 마음은 눈 녹듯 녹아내렸다.

잠시 후 울음을 그친 아이에게 한국에서 준비해간 선물을 건네준 나는, 소녀의 가족과 서로 안전 운행을 기원하며 짧았던 만남에 마침표를 찍었다.

이 사고를 통해서 두 가지를 배웠다. 첫 번째는 아무리 강조해도 지나치지 않은 '안전 운전!', 두 번째는 '어느 상황에서건 무조건 사람이 먼저다'라는 지극히 당연한 사실이다.

이렇게 우여곡절 끝에 도착한 본(Bonn). 본(Bonn)은 노르트라인베스트팔렌 주(Land Nordrhein-Westfalen)에 속한 도시로서, 옛 서독의 수도였으며 라인강을 끼고 있는 도시이다.

제 1, 2차 세계 대전을 겪으면서 본 역시도 수많은 우여곡절을 겪었으나, 1949년 동독에 둘러싸여 있어서 수도의 기능을 할 수 없었던 베를린을 대신할 새로운 수도를 정하는 과정에서 프랑크푸르트를 제치고 독일 연방(구 서독)의 수도가 되면서 엄청난 발전을 이루게 되었다.

독일 통일 후, 베를린이 통일 독일 연방의 수도가 되면서 본에 있던 많은 정부 기관들이 베를린으로 이주하였다. 하지만 지금도 많은 정부 기관들이 상주해 있으며, UN의 여러 산하 단체와 세계 각국의 대사관 등도 여전히 본에 많이 모여 있고, 독일 대기업들의 본사도 여럿 있다.

본의 역사는 사실 기원전까지 거슬러 올라가는데, 1989년에는 도시 창립 2천 주년 기념행사를 했다고 하니 본의 엄청난 역사를 짐작할 수 있다. 또한 본은 세계적인 음악가, 베토벤(Ludwig van Beethoven)이 태어난 도시로도 유명하다.

본에 도착한 첫날 저녁, 나는 Host와 함께 그녀 친구의 생일 파티에 놀러 갔다. 본 근방의 다른 도시였는데, 고속 도로를 타고 갔다. 말로만 듣던 독일의 아우토반(autobahn)을 경험하게 된 것이다. 제일 놀랐던 것은 아우토반의 통행료였는데, 이곳이 유료 도로가 아닌 '무료 도로'였기 때문이다. 주말 저녁임에도 도로는 꽤나 한산했고, 막히는 일 없이 뻥뻥 뚫려 있어서 차는 거침없이 질주해 나갔다.

잠시 후 Host의 친구 집에 도착하니 한창 생일 파티가 진행 중이었다. 나의 Host가 나를 기다리느라 좀 늦었던 것이다. 나는 생일 주인공에게 한국에서 가져온 선물을 전해주고 음식을 먹었다. 주인공의 집에서 파티를 했는데, 생일 파티장은 여러 영화에서 보던 모습 서양의 생일 파티 장면 그대로였다.

집에는 잔잔한 음악이 흘러나왔고, 가족과 친구들이 두런두런 모여 대화를 나누며 식사를 하고 있었으며, 음식은 뷔페 형식으로 한쪽에 마련되어 있었다. 누구네 개인지 커다란 개 한 마리도 구석에 자리를 잡고 특별식을 먹고 있었다. 아이들은 아이들끼리 모여 자기들의 파티를 즐기고 있었다. 나도 얼른 음식을 떠와서 먹고 맥주도 한잔 했다. 파티는 그렇게 가정적이고 차분한 분위기에서 진행되었다.

여러 음식들을 실컷 얻어먹고 두어 시간이 흐른 후 집으로 돌아왔다. 많은 일들이 있던 이날 하루를 되돌아보며, 나는 파란만장했던 하루를 조용히 마감했다.

다음 날, 느긋하게 일어나서 여유롭게 하루를 시작한 나는 Host와 함께 브륄(Brühl)의 아우구스투스부르크 성(Schlösser Augustusburg)을 찾아갔다. 브륄 성(Schlösser Brühl)이라고도 하는 이곳은, 쾰른 대주교의 여름 별장으로서 쾰른 교외 브륄에 있는 궁전이다. 위치상으로는 쾰른과 본의 거의 중간 지점에 있는데, 1984년에 유네스코 세계 문화유산에 등재된 아름다운 성이다.

성의 내부는 아쉽게도 사진 촬영이 금지되어 있었다. 그래서 성 내부를 찍지는 못했다. 하지만 성의 내부는 정말 믿을 수 없을 만큼 아름답고 강렬하고 화려하면서 인상적이었다. 말로 이루 다 표현할 수 없는 아름다움을 담고 있었다. 누가 감히 독일을 두고 무미건조한 나라라고 했던가… 독일에도 이렇게 마음을 사로잡는 멋진 예술이 흘러넘치고 있었다.

참, 이곳 관람이 더욱 좋았던 점은 바로 '한국어 안내' 때문이었다. 매표소에서 얼굴이 들어간 신분증만 제시하면 바로 한국어 해설을 들을 수 있는 기기를 빌릴 수 있었다. 우리말로 된 자세한 해설을 들으니 이 낯선 이국의 성이 더욱 친근하게 느껴졌다.

브륄 성과 정원의 모습.

긴 정원을 지나면 끝 부분에 제법 큰 인공 호수가 하나 있고 정원 주변으로는 몇 개의 분수가 있다. 가족 단위 관광객들이 이 정원에 나와서 화창한 날씨 속에 여유를 만끽하며 주말 나들이를 즐기고 있었다.

이곳 호수에서는 사람만 휴식을 취하는 것은 아니었다.
다양한 종류의 새들도 이곳에서 한가로운 오후를 즐기고 있었다.

정원 산책을 마친 우리는 숲속 길로 들어섰다. 어디까지 이어졌는지 끝도 보이지 않는 엄청난 크기의 숲이었다. 나무들은 또 어찌나 높고 빽빽한지 꽤나 넓은 산책길이었는데도 나무 덕분에 거의 길 전체가 그늘 속에 들어가 있었다. 대충 한 바퀴만 돌아봤는데도 1시간이 훌쩍 흘렀다.

조용하고 넓고 예쁜, 그래서 더 머물고 싶었던 그런 곳이었다. 거대한 나무 군락이 전해주는 시원한 그늘과 새들이 들려주는 노랫소리에 취해 산책을 하다 보니, 시간이 어떻게 가는지 모를 정도로 빨리 흘러갔다.

성 구경을 마치고 본에 돌아왔다. 시내 길을 걷다가 Host가 자랑스럽게 나에게 구경시켜준 곳. 바로 HARIBO(하리보) 가게이다. 하리보는 전 세계적으로 유명한 젤리 가게인데, 본사가 바로 본에 있다고 했다. 나는 젤리를 사 먹지 않아서 그렇게 유명한 상품인지 몰랐는데, 나중에 다른 친구들한테 물어보니 나만 모르고 있었다. 심지어 Host 집에서 멀지 않은 곳에 하리보 제조 공장이 있었다.

어렴풋이 기억나는, 어렸을 적 한두 번은 먹어봤을 그 유명한 곰돌이 젤리가 바로 이 회사의 대표 상품이었다. 하리보(HARIBO)라는 이름은 창업자의 이름인 Hans Riegel에서 HA와 RI를, 도시명인 Bonn에서 BO를 각각 따와서 지었다고 한다. 서울에서 최 씨와 이 씨가 이 젤리를 만들었으면, 최이서가 되는 건가?

HARIBO는 독일 본에 본사가 있는 제과 회사다. 본에 있는 하리보 매장의 모습.

　다음으로 근처의 뮌스터 성당(Bonner Münster)으로 향했다. 그렇게 큰 성당은 아니었지만, 오랜 역사가 느껴지는 성당이었다. 11세기부터 건설되기 시작한 곳이니 정말 오래된 성당이긴 한데, 이 성당의 볼거리는 성당 안이 아니라 밖에 있었다.

　성당 앞에는 이색적인 작품이 있는데, 두 개의 커다란 두상이 마치 버려진 듯 아무렇게나 놓여 있다. 이것은 각각 성 카시오(St. Cassius)와 성 플로렌시오(St. Florentius)의 두상이라고 하는데, 이들은 종교적 신념을 지키다가 바로 이 자리에서 참수를 당했다고 전해진다. 그들의 두상만 놓아둔 것은 참수로 생을 마감한 그들을 기억하기 위해서가 아닐까.

성당의 정면 모습. 척 봐도 오랜 역사가 느껴지는 성당이다.
성당 앞에 놓인 두 개의 커다란 두상이 인상적이다.

성당 구경을 마친 후 밖으로 나왔다. 여느 유럽 도시의 큰 성당들과 마찬가지로, 이 성당 앞에도 광장이 조성되어 있었다. 광장의 이름은 성당의 이름을 따서 뮌스터 광장(Münster Platz)이었는데, 이 광장에는 다른 광장과는 다른 독특한 동상이 하나 있었다. 성당 앞 광장에는 대부분 성인들이나 성모님, 십자가를 주제로 한 동상이나 기념비, 혹은 오벨리스크가 있었던 데 반해, 이 광장에는 '베토벤 동상'이 그 자리를 대신하고 있었다. 금방이라도 살아 움직일 듯한 생생한 모습의 베토벤 동상이었다.

이곳은 뮌스터 성당 바로 앞에 있는 베토벤 동상. 본은 베토벤이 태어난 곳이다.

이어서 들른 곳은 슈테른 문(Stern Tor)이라고 하는 곳이다. 원래는 요새인데, 지금은 성벽들이 모두 무너져서 이렇게 문 부분만 남아있는 것이라고 했다. 아주 오래된 성의 잔해인데도 주변 경관과 아주 잘 어울려 보였다.

슈테른 문(Stern Tor)의 모습. 진짜 딱 이 부분만 남아 있었다.

근처에 있던 또 다른 광장. 이 광장 가운데에는 작지만 멋진 오벨리스크가 있었다.
뒤쪽에 여러 개의 깃발이 펄럭이는 건물은 본의 구 시청 건물.

이어서 베토벤 생가로 향했다. 베토벤 생가는 본의 평범한 주택가 한 가운데 있다. 베토벤이 1770년 태어난 생가는 1889년 철거 위기에 처해졌었는데, 당시 12명의 시민들이 베토벤 하우스 협회를 설립해서 건물을 산 후 그 안에 베토벤 기념관을 세웠고, 덕분에 생가가 지금까지 이렇게 보존되고 있었다.

베토벤 생가를 거쳐 라인강으로 향했다. 라인강의 기적을 일궜던 독일인들을 생각하면서 강을 따라 자전거 페달을 밟았다. 본에서 보는 라인강은 한강만큼 넓어 보였다. 다른 점이 있다면 강 양쪽을 잇는 다리가 몇 개 없다는 것과, 강변에는 주로 낮은 건물들이 이어져 있었다는 점이다. 산책로와 자전거 도로 역시 아주 잘되어 있었다.

베토벤 생가의 모습. 아주 작고 아담한 3층짜리 집이다.

라인강의 다리에서 바라본 본의 전경.

강변을 지나가던 중, 갑자기 높은 담장과 함께 여러 대의 CCTV가 보여서 물어보니 이 건물이 다름 아닌 서독 시절의 대통령 관저였다고 한다.

본에는 높은 빌딩이 얼마 되지 않았는데, 그중 2개가 지근거리에 있다. 하나는 독일 우정 본부가 민영화되어 만들어진 회사 도이체 포스트(Deutsche Post AG)의 본사 건물이고, 다른 하나는 UN의 본(Bonn) 캠퍼스 건물이었다.

특히 UN 캠퍼스 건물은 세계 경제나 정치·외교 분야에서 독일의 위치를 가늠해볼 수 있는 건물이다. 그런데 내가 봤을 때 이 건물은 미적인 부분이 좀 떨어지는 것이 아닌가 하는 생각이 들었다. 보고 있으려니 눈이 지끈지끈 아파왔다.

독일을 대표하는 우편 및 물류 전문 회사인 도이체 포스트(Deutsche Post AG)의 본사 건물인 '포스트 타워(Post Tower).' 세계적인 물류 기업 DHL이 이 회사의 자회사라고 한다.

독일 본에 있는 UN 캠퍼스. 건물이 블록을 쌓아 올린 것처럼 생겼다. 몇 층인지 세어보다가 눈 아파서 포기하고 말았다.

UN 캠퍼스 건물 옆에는 무너진 베를린 장벽의 실물 잔해가 전시되어 있었다. 같은 분단의 아픔을 아직도 겪고 있고, 실제 GOP에 근무하면서 갈라진 조국의 아픔을 생생하게 바라본 경험이 있던 나로서는, 이렇게 역사의 유물로 전시되고 있는 베를린 장벽이 남다른 느낌으로 다가왔다. 우리도 빨리 통일이 되어서 휴전선 철조망을 저렇게 전시하는 때가 언젠가는 오리라 굳게 믿어 본다.

UN 캠퍼스 건물 뒤쪽에 전시되어 있던 베를린 장벽. 그들은 역사를 이렇게 기억하고 있었다.

　식사는 나가서 먹기도 하고 집에서 먹기도 했는데 Host와의 마지막 식사로는 집에서 만든 팬케이크를 먹었다. 너무나 맛있어서 만들어지는 족족 다 집어먹을 수밖에 없었다. 본에서 펼쳐진 추억 만들기는 그렇게 재미있고 유쾌하게 마무리되었다.

라스베가스에서는 상상도 할 수 없는 엄청난 맛의 팬케이크.
시나몬(계피) 가루, 초콜릿, 꿀 등 이것저것 첨가해서 먹으니 그야말로 꿀맛이었다.
리얼 꿀이 들어가서 더 꿀맛! 배가 고파서 더더욱 꿀맛!!

6.12. 너는 본 적 있는가, 쾰른(Köln) 대성당을!

2016년 5월 16일(월).
일정 : 독일 본(Bonn) ~ 쾰른(Köln)

본에서 쾰른까지는 거리가 엄청 가깝다. 약 30km 정도밖에 떨어져 있지 않아서 오전에 여기저기 한 번 더 둘러보고 오후에 쾰른으로 출발했다.

본의 도심지에서 조금 벗어난 곳, 라인강변에 있던 백만 불짜리 조망을 자랑하던 멋진 아파트.

공장 지대 위로 짙게 드리워진 먹구름. 많이 걱정했었는데, 다행히 비는 오지 않았다.

독일의 고속 도로 아우토반. 차들이 기대했던 것보다는 천천히 달렸다.

본에서 출발한 지 2시간 남짓 되었을까, 벌써 쾰른의 목적지에 도착했다. 그렇게 천천히 달렸는데도 거리가 워낙 짧아서 일찍 도착할 수 있었는데, 날씨가 생각보다 많이 쌀쌀했었기에 체력적으로 약간 힘들었다. 하지만 무사히 도착한 후 쾰른 Host의 집을 보는 순간, 나는 대문에 쓰인 문구를 보고 그날의 피로를 싹 풀 수 있었다. 그 집 대문에는 나를 격하게 환영하는 문구가 쓰여 있었기 때문이다.

나를 환영하는 집주인의 인사말! 정말 이런 격한 환대는 처음이었다.
피로가 눈 녹듯 사라지는 순간이었다.

쾰른(Köln)[16]은 독일 노르트라인베스트팔렌 주(Land Nordrhein-Westfalen, NRW)의 최대 도시이다.(참고로 이 주의 주도는 뒤셀도르프(Düsseldorf)이다.)

---

16) 쾰른의 독일어 표기는 Köln. 여기서 ö는 독일어권 이외에서는 표기하기 힘들어서 oe로 바꿔서 Koeln이라고 표기하기도 한다. Cologne는 쾰른의 영어식 표기이다.

쾰른은 독일 내에서도 가장 오랜 역사를 간직한 도시 중 하나이다. 기원전 38년 로마 제국에 의해 처음 마을이 세워진 이후, 이곳은 로마 제국의 도시로서, 이후에는 프랑크 왕국과 신성 로마 제국의 주요 도시이자, 유럽 각 지역을 잇는 교통의 중심지로서, 또 라인란트(Rheinland, 독일의 서부지역) 지역의 상공업과 문화, 경제의 중심지로서 발전을 거듭해 나갔다.

이러한 중요성 때문에 쾰른은 2차 세계 대전 중이던 1942년 5월 31일 1000여 대의 폭격기가 동원된 연합군의 '밀레니엄 작전'으로 융단 폭격을 당했고, 단 20분 만에 시 대부분이 파괴되고 6만 명 이상이 사망하는 비극을 맞았다. 쾰른 대성당은 이때 문화유산이라는 명목으로 파괴되는 것은 피했지만, 심각한 피해를 입게 되었다.

하지만 라인강의 기적을 일궈낸 독일은 쾰른 대성당을 비롯한 도시 전체를 멋지게 다시 일으켜 세웠고, 오늘날 독일 내에서도 손꼽히는 대도시로 쾰른을 다시 성장시켰다.

쾰른의 대표적인 건축물로는 단연 13~19세기에 걸쳐 건축된 쾰른 대성당을 뽑을 수 있다. 이 성당은 세계에서 3번째로 큰 고딕 양식의 성당으로서 1996년 유네스코 세계 문화유산으로 등록되었다.

도착한 첫날 밤 나는 Host와 함께 전차를 타고 쾰른 도심으로 향했다. 물론 제일 먼저 들른 곳은 쾰른 대성당이었다.

엄청난 크기에 압도당할 수밖에 없는 쾰른 대성당.
카메라에 원 샷으로 담기에는 크기가 너무나도 컸다.
대성당은 원래 밝은 하얀색이었는데, 2차 세계 대전 당시
연합군의 공습으로 인해 전체가 검게 그을려서 지금과 같은 색을 가지게 되었다고 한다.

성당의 탑 꼭대기에 놓인 장미석의 실제 크기 모형.
밑에서 꼭대기를 보면 이 장미석이
아주 작게 느껴지지만, 실은 성인 남성 키를
가뿐히 넘는 크기다. 높이 9.5m, 너비 2.5m.

쾰른 대성당을 한 바퀴 돌아본 나는 다음 날 다시 와보기로 하고 Host와 함께 시내 구경에 나섰다.

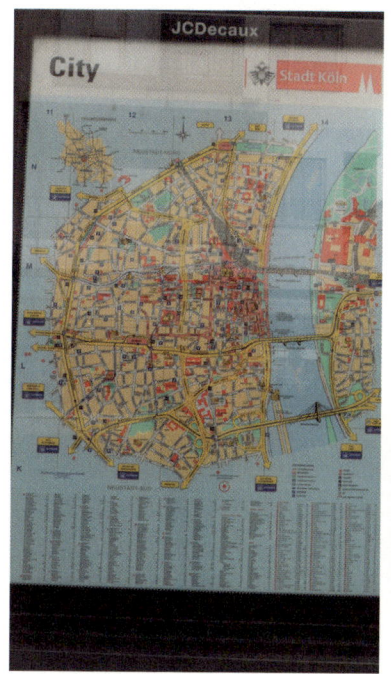

관광안내소에 붙어 있던 쾰른 관광 지도. 가운데 라인강이 흐르고, 강의 서쪽에 관광지들이 몰려 있다.

쾰른 시청 건물(Rathaus Köln). 2차 세계 대전 중에는 대부분이 파괴되었으나, 재건 작업을 거쳐 오늘날의 모습을 갖추게 되었다.

쾰른에 왔으니 맥주를 마셔야 하는 것은 당연지사. 대성당 근처 강변에는 수많은 호프집들이 줄지어 있었고, 그중 한 곳으로 Host와 함께 들어갔다.

맥주 잔이 너무 작았다. 딱 원샷 사이즈. 그래서 가격이 그렇게 저렴했나보다.   그래서 슈퍼마켓에 들어가서 사버린 맥주 한 병. 이곳 특산 맥주인 쾰시(Kölsch) 맥주이다.

 맥주 입가심을 마치고 나온 쾰른의 라인강변. 많은 현대식 대형 빌딩들이 들어서 있었고, 또 그만큼 많은 옛 건물들도 자리하고 있었다. 강의 가장자리 부분은 언제나 시민들이 편하게 거닐 수 있도록 조성되어 있다는 점이 너무 좋았다.

맥주 입가심을 끝내고 산책하러 내려온 라인강변.

강가에 아기자기하면서도 예쁘게 자리 잡고 있는 호텔과 식당들.

뒤에 보이는 성당은 성 마르틴 교회(Groß Sankt Martin Kirche)다. 위쪽에 있어서 그런지 더욱 웅장해 보인다.

이야기를 나눠보니 Host는 터키계 독일인이었다. 그녀가 나를 안내한 곳은 터키 식당이었다. 향신료가 역시나 지금까지 들렀던 다른 유럽의 식당과는 전혀 다른 느낌이었다. 수많은 터키인들로 식당 안은 만원이었지만, 술을 마시고 있는 사람은 한 명도 없었다. 이 식당에서는 술을 팔지 않았던 것이다. 음주를 금지하는 이슬람의 규율에 따라 술을 팔지 않는 듯 보였다. 'Et Sote(엣 소테)'라는 매콤한 요리를 주문했는데, 먹다 보니 더더욱 맥주 한잔이 그리웠다.

터키 식당의 메뉴판. 껍질을 벗긴 양고기에 고추와 양파가 들어간 토마토소스를 부린 'Et Sote(엣 소테)'라는 음식을 주문했다.

오랜만에 매콤한 고향의 맛을 조금이나마 느낄 수 있었다.

그렇게 쾰른을 간단히 돌아보고 집으로 돌아왔다. Host는 나에게 통째로 집을 내어주고 본인은 잠을 자러 어머니가 계신 집으로 향했다. 비록 넓은 집은 아니었지만, 나에겐 그 어느 고급 호텔보다 더 자유롭고 멋진 곳이었다! 화장실, 세탁기, 주방, TV, 와이파이 인터넷, 수많은 DVD까지! 5성급 호텔을 공짜로 빌린 기분이었다. 나는 한국어가 지원되는 DVD를 보며 행복했던 이날 하루를 마감했다.

다음 날. 나는 홀로 본격적인 쾰른 도시 탐방에 나섰다. 첫 번째 목적지는 어제와 마찬가지로 당연히 쾰른 대성당. 아, 금강산도 식후경인지라 먼저 식당에 들러서 밥을 먹었다.

이곳은 독일. 당연히 맥주 한 잔으로 하루를 시작해야 한다. 맥주에 거품이 아주 예쁘게 올라가 있다.

음식은 면 요리가 당겨서 스파게티를 먹었다.

쾰른 대성당(Kölner Dom)은 가톨릭 대성당으로 쾰른 대교구의 주교좌성당이다. 쾰른 대성당은 높이가 157.38m인데, 울름 대성당(Ulmer Münster, 독일 울름 소재, 원래 가톨릭 성당이었으나 1894년부터 개신교회로 사용됨. 유럽에서 가장 높은 고딕식 성당 건축물로 높이가 161m)에 이어 유럽에서 두 번째로 높고, 세계에서 세 번째로 높은 고딕 양식 성당이다. 쾰른에 온 이유가 바로 이 대성당에 있었기에, 이날의 첫 스케줄은 당연히 이곳이었다.

성당 착공은 신성 로마 제국 시대 황제 프리드리히 1세(Friedrich I)가 이탈리아 원정에서 가져온 동방 박사 3인의 유물함을 안치하기 위한 성당을 짓기 위해 시작된 것인데, 그때가 1248년이다. 이후 오랜 세월에 걸쳐 증축되고 개축된 성당은 1880년이 되어서야 겨우 완공이 되었다.

2차 세계 대전 동안 쾰른에 연합군의 대공습 때 문화유산이라는 이유로 직접적인 폭격을 받지는 않았지만, 성당 곳곳이 파괴되고 검게 그을리게 되었다. 바로 이 폭격으로 인해 원래 흰색이었던 성당은 검게 그을린 오늘날의 모습으로 변하게 되었다고 한다.

쾰른 대성당의 주 현관은 3개의 문으로 되어 있다. 이 사진은 가운데 현관의 사진이다.

이것이 바로 이 성당의 기원이 되는 동방 박사의 유물함이다. 1190년~1225년 사이에 제작되었다고 전해지며, 금으로 도금되어 있다.

이 유물함에는 구약의 시작부터 예수의 재림과 종말에 이르는 장면까지 성경의 모든 역사가 표현되어 있다고 한다.

성당의 내부. 천장이 하늘 높이 솟아 있다. 이 회랑의 길이는 무려 144m이며, 천장까지의 높이는 43.35m라고 한다.

은총의 성모상. 여러 보석들로 한껏 꾸며져 있기 때문에 '치장의 마돈나'라고 불린다.

성당 제대의 모습. 거대한 규모답게 중앙 제대 역시 엄청난 크기다.

성당의 다양한 스테인드글라스들.
대부분은 2차 세계 대전 동안 파손되어서 전쟁 후 새로 제작된 것이라고 한다.

2차 세계 대전으로 파괴되었던 쾰른 대성당의 아픈 역사를 흑백 사진으로 보여주고 있다.
곳곳이 부서진 성당을 보니 완파되지 않은 게 용해보였다.

쾰른 대성당 가고일의 모습. 성당의 중앙 제대 쪽 바깥 부분(동쪽). 이 성당에서 유일하게 출입구가 없는 방향이다. 뾰족한 탑들이 셀 수 없이 많이 솟아 있다.

　이어서 찾아간 곳은 쾰른 초콜릿 박물관(Schokoladen Museum Köln). 위치는 쾰른 대성당에서 라인강을 따라서 남쪽으로 계속 내려오다 작은 다리 바로 건너편에 있다. 초콜릿 박물관 옆 공터에 작은 공연을 하기에 먼저 공연을 즐긴 후, 박물관에 입장했다. 쾰른의 초콜릿 박물관은 한스 임호프(Hans Imhoff)라는 사람에 의해 1993년 10월 31일 문을 열었다.

쾰른의 초콜릿 박물관 입구. 생각보다 많은 사람들이 이곳을 방문하고 있었다.
어린이들이 물론 많았지만, 성인 관람객도 꽤 많았다.

　티켓을 끊고 안으로 들어갔는데 코끝을 찌르는 초콜릿 향기…. 온 박물관에 은은하게 퍼지는 달콤한 초콜릿 향기를 맡으며 나는 무엇에 홀린 듯이 안으로 들어갔다. 온갖 초콜릿 관련 제품들이 전시되어 있었고, 실제 생산 장면을 볼 수도 있었다. 중간에는 웨하스에 초콜릿을 찍어줘서 직접 맛볼 수 있는 곳도 있었는데, 정말 달콤함의 끝을 맛보았다. 성인인 나에게도 물론 좋았지만, 아이들에게는 천국과도 같은 곳인 것 같았다.

맥주의 나라 독일답게, 초콜릿 맥주가 있다. 가격은 3.98€(약 5,300원). 저 맥주 맛을 못 본 게 아직도 후회된다.

병에 담긴 초콜릿 제품들. 초콜릿 좋아하는 이들 중에 분명 저 병을 원샷할 수 있는 사람도 있을 것이다.

리모컨, 신발, 물병, 안경, 틀니까지! 없는 모양이 없다.

다양한 모양의 초콜릿들

카카오나무 모양의 초콜릿 분수.
바로 이곳에서 직원 분이 웨하스에 초콜릿을 찍어서 나눠주고 계셨다.

이어서 쾰른의 옛 성문에도 가보았다. 오랜 역사를 가진 쾰른은 여느 중세의 도시들처럼 성벽으로 둘러싸여 있던 도시였다. 지금 성벽은 대부분 무너졌지만, 중세의 성문은 아직도 4개가 쾰른에 남아 있다고 한다. 쾰른 남쪽 제페린 교회 앞에 위치한 제페린 문(Severins Tor), 쾰른에서 서쪽인 아헨(Aachen) 가는 쪽에 위치한 하넨문(Hahnen Tor) 등이 그것이다. 나는 북쪽에 위치한 아이겔슈타인 문(Eigelstein Tor)을 방문했다.

아이겔슈타인 문(Eigelstein Tor)의 모습.
21세기의 사람들이 오늘도 중세의 성문을 이용하고 있었다.

쾰른에서 마지막으로 보여줄 곳은 바로 쾰른 시립 박물관(Kölnisches Stadtmuseum)이다. 이 박물관은 쾰른의 옛 병기고 건물에 들어와 있는데, 쾰른 지역의 역사와 생활상에 대한 것을 전시하고 있었다.

건물은 멀리서도 눈에 띌 만큼 독특한 외관을 갖고 있는데, 붉은 화살표가 그려진 창문이 건물 전체에 달려있으며, 건물 탑 꼭대기에는 자동차에 날개가 달린 조형물이 있어서 쾰른의 또 다른 랜드마크 역할을 하고 있다.

멀리서도 눈에 띌 수밖에 없는 독특한 외관을 가진 쾰른 시립 박물관.

그렇게 쾰른에서의 흥겨운 시간이 모두 흘러갔다. 이날 저녁은 식당보다는 왠지 그냥 집에서 요리해서 먹고 싶었다. 그래서 슈퍼마켓에서 맥주와 고기 등을 사 들고 와서 먹었다. 프라이팬에 기름을 두르고 이리저리 뚝딱 요리를 하니, 내 눈에는 대충 호텔 만찬과 비슷하게 보이는 꽤나 성대한 저녁 밥상이 완성되었다. 별다른 특식이 있는 게 아니라, 고기만 푸짐하면 끝이었다. 그렇게 이날 하루도 잘 마무리되었다.

6.13. 독일에서의 마지막 밤. 국경 도시 묀헨글라트바흐(Mönchengladbach)

2016년 5월 18일(수).
일정 : 독일 쾰른(Köln) ~ 묀헨글라트바흐(Mönchengladbach)

    5.18. 자유를 위해 몸 바친 분들을 기억하며 이날의 목적지를 향해 달려 나갔다. 그분들 덕에 오늘 내가 이렇게 여행을 하는 거니까. 다행히 이날은 날씨도 그럭저럭 괜찮았고, 무엇보다도 도로가 거의 다 평지였다.

묀헨글라트바흐로 가는 길. 수많은 풍력 발전기와 다른 발전소들의 모습이 보였다.

    그렇게 길을 가다가 어느 작은 마을에 들어섰다. 뭐 특별할 것도 없는, 평범한 작은 마을이었다. 우연하게도 점심시간에 맞춰서 들어선 마을이었는데, 식당이 보이길래 오랜만에 식당에서 점심밥을 먹는 호사를 누려보기로 했다.

독일어로 약국은 'Apotheke'이다. 알파벳 A 안에 있는 것은 모세에 의해 기둥 위에 달린 구리 뱀 그림이다. 성경에 따르면, 이집트를 탈출한 이스라엘 백성이 광야에서 하느님께 불평을 하자, 하느님이 불 뱀을 보내서 많은 이스라엘 백성들이 물려 죽게 되었다. 고통에 찬 이스라엘 백성들이 모세에게 간청하여 모세가 구리 뱀을 만들어 그것을 기둥 위에 달아놓자, 그것을 본 사람들이 모두 나았다는 성경의 이야기가 있는데, 그것이 바로 이 마크의 기원이다. (성경 민수기 21, 5-9 참조) 유럽의 구급차에도 대부분 이 구리 뱀 그림이 그려져 있다.

점심을 먹으러 터키 식당에 들어갔다. 나의 식성에 대해서 얘기했더니 주인장이 걱정 말고 기다리라며 이 메뉴를 추천해 주었다.

그렇게 멋진 점심을 먹고 다시 길을 떠났다. 이날은 목적지까지 거리가 채 60km도 되지 않는 짧은 거리였기 때문에 느긋한 마음을 갖고 여유롭게 길을 달렸다. 가끔 멀리 들판 너머로 비구름이 비를 뿌리는 모습도 볼 수 있었고, 드넓은 밭이 펼쳐져 있는 곳도 지나갔다.

넓게 펼쳐진 들판 너머 그림같은 집. 그 집 뒤로 비가 내리고 있다.

너른 들판의 멋진 모습.

다시 들어선 어느 마을. 유유자적 말을 타고 가는 모습이 아주 멋있었다.

그렇게 약간은 짧은 이날의 여정을 끝내고 묀헨글라트바흐(Mönchengladbach)에 도착했다. 묀헨글라트바흐는 독일 서부 노르트라인베스트팔렌 주(Land Nordrhein-Westfalen, NRW)에 있는 도시로서, 이 주의 주도인 뒤셀도르프와 네덜란드 국경 사이에 위치해 있다.

너른 들판에서 자라고 있던 말들. 말들이 참 자유롭게 느껴졌다.

이 도시의 기원은 약 10세기까지 거슬러 올라가는데, 프랑스 혁명 즈음 잠시 프랑스에 점령된 시기도 있었지만, 이후 1815년 다시 프로이센 왕국으로 넘어와서 독일 영토가 되었다. 이 도시의 특징은 파란만장한 역사만큼이나 다양한 이름을 가졌었다는 점이다.

본래 이름은 글라트바흐(Gladbach)였으나, 비슷한 이름을 가진 쾰른의 동쪽 도시인 또 다른 글라트바흐(Bergisch Gladbach)와 구분 짓기 위해서 1888년 뮌헨글라트바흐(München-Gladbach)라고 부르게 되었다. 이후 대도시 뮌헨(München)과 이름이 헷갈릴까 봐 1950년 뮌헨글라트바흐(Mönchengladbach)라는 명칭으로 최종 변경되어 오늘날까지 사용하고 있다고 한다.

이 도시에서 가장 유명한 것 중 하나는 독일 축구 1부 리그인 분데스리가 클럽 '보루시아 뮌헨글라트바흐(Borussia Mönchengladbach)' 팀이다. 과거 잘나가던 시기인 1975년부터 1977년까지는 분데스리가에서 3연패를 달성하기도 했고, 이 시기에 UEFA컵 우승을 차지하기도 했다고 한다. 하지만 이후 팀은 추락을 거듭했고, 급기야 1990년대 후반과 2000년대 들어서 2부 리그로 강등되기도 했지만, 이후 팀을 재정비하여 최근에는 바이에른 뮌헨과 도르트문트, 레버쿠젠 등의 강팀이 즐비한 분데스리가 1부에서 상위권을 차지하며 챔피언스 리그에도 출전하는 등 실력을 뽐내고 있다.

뮌헨글라트바흐에 도착한 나는 우선 자전거 수리점에 먼저 들렀다. 얼

마 전부터 자전거 뒷바퀴 휠에서 계속 이상한 소리가 들렸기 때문이다. 그래서 수리점에 갔더니, 2일 정도 걸리고 금액은 50유로 정도라고 했다. 금액도 어느 정도 매력적이었고 독일의 기술력이라 믿음이 갔지만, 시간이 좀 걸린다는 점이 마음에 걸렸다. 그래서 타는 데 크게 지장이 없을 정도로만 살짝 손보고 수리점을 나섰다.

이 도시에서는 많이 돌아다니지는 않았다. 첫 번째 이유는 다음 날 행선지를 두고 아직 고민 중이었고, 두 번째 이유는 Host의 집에서 친구들과 함께 충분히 재미있게 놀 수 있었기 때문이다. 이날 도심 투어는 자전거 수리점에 들렀다가 오는 길에 둘러본 것이 전부였다. 불행인지 다행인지 Host가 알려준 자전거 수리점과 집과의 거리가 꽤 멀었기 때문에, 갔다 오는 길에 도시의 이곳저곳을 구경할 수 있었다. 중간에 눈길을 사로잡는 건물이 하나 보여서 들어가 보았다.

나도 모르게 그 멋진 모습에 이끌려 들어간 곳. 이곳은 이 도시의 중심은 아니고, 이 행정 구역(우리나라의 동 개념)의 중심이었다. 여느 마을처럼 광장 주변에는 주민 센터와 교회, 분수대 등이 있었다.

이곳의 Host는 월셋집에서 다른 여러 친구들과 함께 생활하고 있었다. 꽤나 넓은 집에 풀 옵션(각 방에는 침대, 책상이, 공용 주방에는 냉장고, 식탁 등이, 공용 화장실에는 세탁기와 샤워 시설 등이 모두 갖춰져 있었다)이었는데도, 월세는 웬만한 우리나라 지방의 월세 금액인 250€(약 33만 원) 정도라고 했다. 우리나라는 목돈인 보증금까지 들어가니까, 양국의 경제 규모를 감안하더라도 순수하게 들어가는 비용은 우리나라가 훨씬 많은 것이다. 우리나라에서 왜 다들 조물주 위에 건물주가 있다고 하는지 다시 한번 뼈저리게 느껴지는 순간이었다.

대학생인 이 친구들은 한집에서 정말 재미있게 생활하고 있었는데, 음식은 Food Sharing(식품 나눔)이라는 프로그램을 통해서 조달하고 있었다. 그날그날 들어온 야채와 과일, 빵 등을 어떻게 구해와서 함께 먹었는데, 우리도 이런 프로그램들이 활성화되면 좋겠다는 생각이 들었다. 젊은 학생들이 경제적 부담을 줄일 수 있는 아주 좋은 방식이라고 생각되었다.

저녁을 먹고 나서 아직 배가 고팠던지라 나가서 먹을 것을 더 사왔다. 저녁은 하루 중에 가장 많이 먹는 시간이었기 때문에, 아직도 부족했던 것이다. 마트에 들러서 이것저것 골랐는데, 한번 맛본 후 그토록 그리워했던 바이스부어스트(Weißwürste)를 먼저 골랐다. weiß는 흰색을 의미하고, würste는 소시지를 의미한다. 말 그대로 흰 소시지라는 뜻이다. 독일어 단어에서는 굳이 수식어가 필요없어 보였다. 이름이 곧 그것을 정의해주고 있었다.

이 소시지는 독일 남부인 바이에른 지방의 전통 음식이라고 하는데, 그 기원은 뮌헨(München)이라고 한다. 물에 삶아서 껍질을 벗긴 후 먹으면 되는데, 입안에서 살살 녹는 것이 진짜 끝내주게 맛있었다. 너무나도 맛있게 먹은 나머지, 나중에 귀국할 때도 프랑크푸르트 공항에서 소시지를 사서 돌아왔다.

이날 밤은 Host와 함께 사는 친구들과 함께 너무나도 흥겨운 밤을 보냈다. 그들이 정확히 몇 명이서 같이 사는지도 잘 모른다. 아랫집 윗집을 서로 드나들며 수많은 친구들이 왔다갔다 자유롭게 지냈기 때문이다. 우리는 오랜 시간 맥주를 마시며 함께 이야기를 나눴고, 서로의 조국과 환경(그곳에는 프랑스인 학생도 있었다), 그리고 대다수 젊은이들이 생각하는 미래에 대해서도 이야기를 나누었다.

그들이 내심 부러웠던 점은, 대학 학비가 무료이기 때문에 그들은 최소한 돈 때문에 학교에 못 다닐 일은 없었고, 돈을 벌려고 아등바등할 필요도 없었으며, 돈이 없어서 좁은 고시원에 갇혀 살지도 않는다는 점이었다. 내가 만난 이들은 수많은 학생들 중에서 몇 명에 지나지 않지만, 분명 한국의 학생들보다는 여유롭게 지내는 모습이었다.

다음 날은 오랜만에 국경을 넘는 날이다. 목적지는 바로 운하와 풍차, 튤립의 나라, 왕가의 가문인 Oranje 가문에서 유래되어 오렌지(Orange) 군단으로 불리는 세계적인 축구 강국, 마약, 매춘, 동성혼, 안락사 등 다양한 세계적인 이슈에 항상 한 발 앞선 정책을 내놓는 나라, 스피드 스케이팅을 앞세운 동계 스포츠 강국, 나라 어디나 자전거가 자동차보다 많은 자전거의 나라, 그리고 히딩크의 나라!!!

수많은 수식어가 붙는 작지만 강한 나라, 바로 네덜란드, 그 네덜란드의 중심인 수도 암스테르담이다.

7.
네덜란드

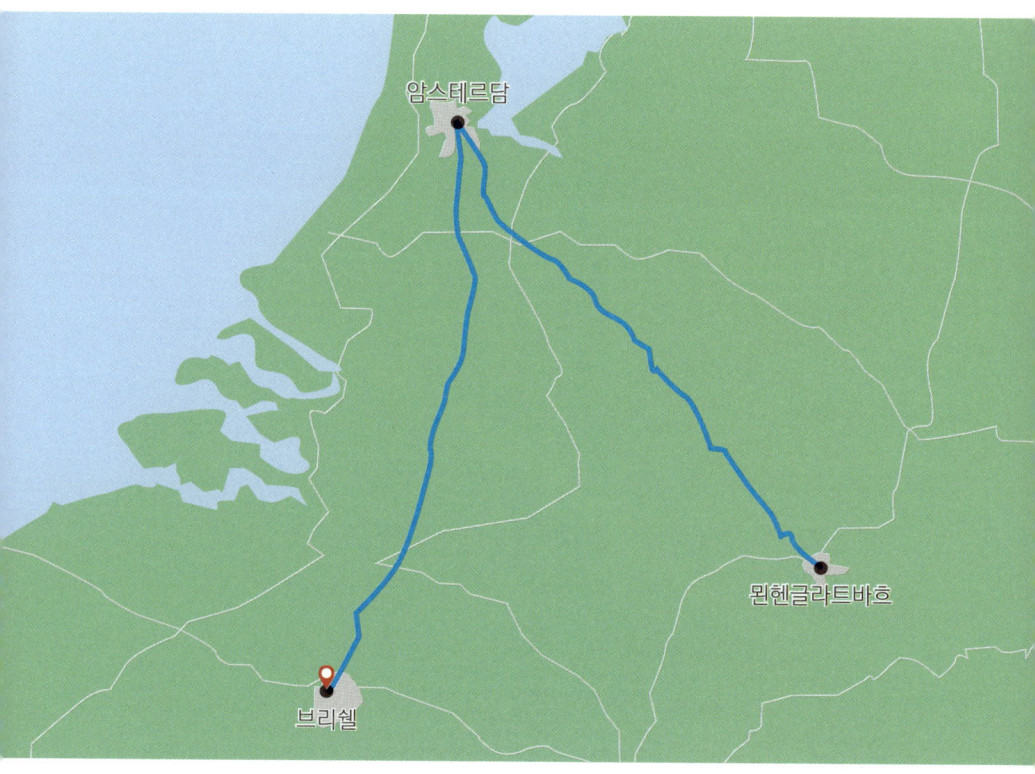

이동 경로 : 독일 묀헨글라트바흐(Mönchengladbach)~네덜란드 암스테르담(Amsterdam)~벨기에 브리쉘(Brussels)

7.1. 암스테르담(Amsterdam)! 무엇을 상상하든지 그 이상이다!

2016년 5월 19일(목).
일정 : 독일 묀헨글라트바흐(Mönchengladbach)
~ 네덜란드 암스테르담(Amsterdam)

이날은 실로 오랜만에 국경을 넘는 날이었다. 원래의 계획은 묀헨글라트바흐와 거의 동일 위도에 있는 네덜란드 에인트호번(eindhoven) - 벨기에 안트베르펜(Antwerpen)을 거쳐서 남쪽의 벨기에 브뤼셀(Brussels)로 가는 코스였는데, 묀헨글라트바흐의 젊은 친구들과 이야기 하다가 암스테르담에 갑자기 꽂혀서 행선지를 변경하게 되었다. 그들이 암스테르담은 꼭 한번 놀러 가보라고 했기 때문이다.

그래서 그들이 알려준 대로 묀헨글라트바흐에서 자전거를 타고 국경을 넘어 네덜란드로 들어선 후 네덜란드 국경의 소도시 펜로(Venlo)에 가서 기차를 타고 암스테르담으로 가기로 했다. 물론 묀헨글라트바흐에서 암스테르담까지 가는 열차도 있긴 하지만, 네덜란드 국내만 지나는 것과, 국경을 넘어가는 것은 열차표 가격이 엄청나게 차이가 났다.

그렇게 오랜만에 즉흥적으로 코스를 바꿔서 여행을 시작했다. 아무것도 모르는 외국에서의 즉흥 여행이라 그런지 많이 떨리기도 하고 또 설레기도 했다. 어떤 일이 어떻게 벌어질지 전혀 예측할 수 없었기 때문이다.

평화로운 독일의 시골 목장. 수많은 젖소들이 들판에 나와서 풀을 뜯고 있었다.

뮌헨글라트바흐가 국경 부근에 있기에 출발한 지 얼마 지나지 않아서 국경에 도착했다. 국경까지 30km가 약간 넘는 거리였는데, 주변을 둘러볼 새도 없이 순식간에 국경에 도착해 버렸다.

네덜란드와 독일의 국경은, 내 기준으로는 정말 '대단했다.' 정말 국경에는 이곳이 국경임을 알리는 간판 이외에는 아무것도 없었다. 심지어 국경선도 그려져 있지 않았다. 내가 국경선을 모르고 지나쳤나 싶어서 국가 간판을 중심으로 다시 되돌아가 보기도 했지만, 국경선을 그 어디에서도 찾아볼 수 없었다. 수많은 차들이 이 보이지도 않는 국경선을 마치 옆 동네 드나들듯이 지나다니고 있었다.

유럽의 국경 개방은 이렇게 화끈했다. 영국에 최초 입국 시 왜 그렇게 엄격하게 심사를 했는지 조금은 이해가 되는 부분도 있었다. 처음 입국

할 때 그렇게 엄격하게 하지 않으면, 불순한 의도로 입국하는 이들을 걸러낼 수 있는 장치가 매우 적어 보였기 때문이다. 유럽에서는 이렇게 국경을 넘는 것이 인천에서 서울 가듯 너무나도 쉬운 일이었다.

독일과 네덜란드 국경. 이곳에는 국경선마저 그려져 있지 않았다. 이 간판마저 없었다면 나는 국경을 넘은지도 몰랐을 것이다.

이곳은 네덜란드. 국경에서 얼마 지나지 않은 곳이다. 간판이 나를 격하게 환영해줘서 고마웠다. 'heten U welkom(당신을 환영합니다)'

유명한 자전거의 나라 네덜란드.
국경 시골 변방이라서 그런지 자전거 도로의 상태는 그리 좋지 않았다.

펜로(Venlo) 기차역에서 표를 산 후 기차 여행길에 올랐다. 가격은 나와 자전거까지 합쳐서 30.52€(약 4만 원). 몇 시간 걸리지 않는다는 것을 감안하면 적지 않은 금액이었다. 네덜란드의 물가가 온몸으로 느껴지는 순간이었다. 우리나라의 옛날 무궁화호 급 정도 되는 열차로 보였는데, 열차는 좀 낡긴 했지만 그런대로 탈 만했다.

나는 의자가 두 개씩 양쪽으로 총 4개가 있는 정형화된 우리 열차의 모습에 너무 익숙해져 있었다. 그런데 이 열차의 내부는 통로도, 의자 배열도, 화장실도 모두 가지각색의 모습을 하고 있었다. 그리고 자전거를 어느 칸에나 실을 수 있었다. 정말 자전거 여행자들에게 편리하게 잘되어 있었다.

한쪽으로는 일반적인 2열 의자가, 다른 한쪽에는 접이식 의자가 벽 쪽으로 배치되어 있었다.
커다란 짐이나 자전거 등을 바로 이쪽에 실을 수 있다.
사람이 거의 없이 열차는 텅 빈 채로 운행되었다.

사실 이날 기차 안에서 편히 쉴 수는 없었다. 이날의 목적지를 결정한 것이 채 하루도 지나지 않았기 때문에 숙소도 정해두지 않았었고, 바로 전날 저녁 연락을 남겼던 카우치서핑에서도 아무런 답장이 없었기 때문이다. 기차 안에서의 시간은 그렇게 빠르게 흘러갔고, 어느새 목적지 암스테르담에 도착했다.

드디어 네덜란드의 수도 암스테르담(Amsterdam)에 입성!

네덜란드의 정식 명칭은 네덜란드 왕국(Kingdom of The Netherlands)이며, 홀란트(Holland)라고도 한다. 공식 언어는 네덜란드어이지만, 영어, 독일어, 프랑스어 등도 곳곳에서 통용된다. 민족은 네덜란드인이 절대다수를 차지하고 있는데, 이들은 진짜 키가 큰 민족으로서, 평균 키가 세계에서 가장 큰 나라 중 하나이다. 키 180cm인 내가 이곳에 오니 아주 평범한(어찌 보면 작은) 키에 속했다.

프랑스, 오스트리아, 스페인 등 다양한 열강들의 오랜 침략과 지배를 받아온 네덜란드는, 다른 민족에 굴복하기보다는 자유로운 사상을 통해 자신들의 정체성을 이어나갔다. 그 한 예로 네덜란드는 신교와 구교를 차별 없이 받아들였고, 심지어 유럽에서 늘 핍박의 대상이었던 유대인들까지도 이곳에서는 자유롭게 살 수 있었다. 이런 자유로운 사상 덕분에 네덜란드는 렘브란트, 고흐 등 특색 있는 유명 화가들을 많이 배출할 수 있었는데, 이들이 종교에 따른 소재의 제한을 받지 않고 자유롭게 자신이 표현하고픈 예술을 할 수 있었기 때문이었다.

오늘날 네덜란드의 자유로운 사상은 그들의 정책에서 확연히 드러난다. 네덜란드에서는 마약(약한 대마초), 매춘, 안락사, 동성혼 등 여타 다른 나라들에서는 대부분 불법의 범주에 들어가는 것들이 모두 합법이다. 우리나라에서는 당연히 불법이라고 여겨지는 이런 것들이 이곳에서는 합법의 테두리 안에서 시행되고 있었던 것이다.

이거야말로 정답이 없는 문제가 아닐까 싶다. 우리 사회는 과연 저런 정책들을 어디까지 받아들일 수 있을까?

네덜란드의 수도인 암스테르담은 12세기 경 암스텔강(Amstel rivier) 하구에 둑을 쌓아서 간척지를 만들고 그 위에 건설된 도시이다. 암스테르담이라는 지명도 여기서 유래되었는데, 지명의 유래에서도 알 수 있듯이, 이들은 항상 땅이 부족했다. 그래서 그들의 집은 옆으로 늘어지기보다는 위쪽으로 솟았고, 억지로 도심의 도로를 넓히기보다는 수상 운송을 늘리고 자전거를 장려하는 정책을 폈다.

암스테르담에 와서 가장 놀랐던 것이 바로 '자전거 도로 정체'였는데, 중앙역에서 얼마 멀지 않은 지점인 번화가에 엄청난 수의 자전거들이 서 있었다. 신호가 바뀌고 수십, 수백 대의 자전거가 일제히 움직이는 모습이 가히 장관이었다. 자전거가 너무 많아서 꼭 자동차로 서울 시내를 운전하는 것처럼 옆 자전거 속도에 맞춰서 천천히 가야 했다. 학생들부터 정장을 입은 회사원, 치마를 입은 아가씨, 여행자, 어르신, 가정주부까지 누구 할 것 없이 모든 연령대의 사람들이 자전거를 이용하고 있었다.

암스테르담 기차역에서 내린 후 제일 먼저 들른 곳은 바로 담 광장(de Dam)이었다. 암스테르담의 중심에 있는 광장으로서, 암스테르담 관광의 시작점이자 수많은 인파로 항상 붐비는 곳이기도 하다. 담 광장 주위에는 네덜란드 왕궁(Koninklijk Paleis Amsterdam), 현재는 전시장으로 쓰이고 있는 신교회(De Nieuwe Kerk), 밀랍 인형 박물관인 마담 투쏘(Madame Tussauds Amsterdam), 제2차 세계 대전을 기억하기 위해 만든 22m 높이의 국가 기념비(National Monument)등 풍성한 볼거리들이 자리 잡고 있다.

밀랍 인형 전시관인 마담 투쏘.

네덜란드 왕궁의 모습.

왕궁 바로 옆 코너에 있는 교회. 현수막을 보면 알겠지만, 지금은 교회가 아닌 전시장으로 활용되고 있었다.

아직 네덜란드에서 묵을 곳을 찾지 못하고 있던 나는 정처 없이 구도심을 배회하기 시작했다. 수많은 사람들과 자전거들이 거리를 지나다니고 있었고, 수로에는 많은 배들이 정박해 있었다. 자전거의 나라이자 물의 도시이기에 이런 독특한 풍경을 선사해주는 것이 아닌가 하는 생각이 들었다. 길을 지나다가 아주 적나라한 그림이 그려진 건물도 지나갔는데, 나중에 알고 보니 성인쇼를 하는 극장이었다. 역시 매춘이 합법화된 나라다웠다.

암스테르담 중앙역에서 바라본 도시의 모습. 전차와 물 위에 떠 있는 배, 그리고 그 뒤로 빼곡하게 서 있는 건물들까지. 이 도시가 가진 독특한 풍경을 느껴볼 수 있다.

수로 양옆으로 길게 늘어선 건물들. 그리고 수로 쪽 나무 사이에 아슬아슬 주차된 차량들과 그 앞에 위험하게 앉아 있는 사람들. 차량 반대편의 수많은 자전거와 멀리 보이는 다리까지. 뭔가 굉장히 복잡한 느낌이 든다.

어느 바의 야외 테이블에 앉아서 맥주를 한잔 하면서 시간을 보내고 있었는데, 결국 연락이 온 곳이 없어서 내가 있던 곳에서 가장 가까운

곳에 있는 호스텔(Hostel)에 들어갔다. 그곳에서 짐을 풀고 나오려는 찰나, 휴대폰에 아주 반가운 알람이 울렸다. 바로 네덜란드의 Host가 나를 초대한다는 메시지가 울리는 소리였다. 호스텔에 들어오자마자 퇴실했기 때문에 요금 환불은 쉽게 처리되었고, 다시 즐거운 마음으로 짐을 꾸려 Host의 집으로 향했다. 다행히도 집이 이곳 구시가지 바로 근처였다.

'BANANENBAR'라는 이름의 가게에는, 창문에 온통 외설적인 그림이 가득하다. 저곳은 가게 이름처럼 바나나를 갖고 쇼를 하는 곳이라고 했다. 알고 봤더니 나의 호스텔이 있던 거리 전체가 홍등가와 업소들이 밀집한 구역이었다.

Host의 집은 암스텔강 바로 옆 건물 3층이었는데, 올라가는 계단이 정말 가파르고 높아서 3층까지 '등산'하는 기분이 들었다. 정말 양손 가득 짐을 들고 고생고생하며 올라갔다. 자전거는 따로 안에 가지고 들어올 수가 없어서 밖의 강 난간에 세워두고 자물쇠로 단단히 매어놓았다. 강의 난간에는 내 자전거와 함께 수백 수천 대의 자전거가 난간을 가득 메우고 있었다.

집 안에 짐을 놓아두고, 아주 홀가분한 마음으로 밖으로 나올 수 있었다. 2박 3일간의 흥미진진한 암스테르담 여행을 할 준비가 모두 끝난 것이다. 금강산도 식후경, 나는 제일 먼저 저녁밥을 먹으러 식당을 찾아갔다. 숙소 문제 때문에 미루고 미루다 늦은 저녁이 되었는데도 아직 저녁을 못 먹어서 배가 엄청 고팠기 때문이었다. 도시 구경은 내일 하더라도, 지금 당장 필요한 것은 바로 '밥'이었다.

해질녘 암스테르담의 거리. 넓은 대로 사이에 전차 레일이 깔려있고, 사람들이 거리를 오가고 있다. 자전거는 많이 보여도 자동차는 거의 보이지 않았다.

Host의 집 바로 뒤에 있던 렘브란트 광장 (Rembrandt plein).

네덜란드 입성 기념 저녁 식사를 하러 식당에 들어선 나는 깜짝 놀라고 말았다. 식당의 요리 가격이 갑자기 엄청나게 올랐기 때문이다. 독일보다도 훨씬 비싸게 느껴졌다. 독일에서 한 끼 식사를 제대로 하면 보통 10€(약 13,200원)가 조금 넘는 가격이었는데, 여기서는 대부분이 20€(약 26,400원)를 훌쩍 넘기고 있었다.

그렇다고 굶을 수는 없었다. '앞으로는 아끼리라' 다짐하며 종업원에게 나의 음식 취향을 이야기하였고, 그에게서 멋진 음식을 하나 추천받아서 먹었다. 고기에 밥까지 따라 나온, 국과 김치만 있으면 딱 한국 밥상을 조금이나마 느낄 수 있는 요리였다.

이날은 별로 한 것도 없는데 몸이 굉장히 피곤했다. 그래서 저녁을 먹고 조금 더 돌아다니다가 집에 들어와서 잠을 청했다. 호스텔의 2층 침대보다 훨씬 안락한 침대에서, 암스텔강(Amstel rivier)의 멋진 야경을 즐기며 그렇게 멋진 하루를 마감할 수 있었다.

그렇게 하루가 지나고, 다음 날 본격적인 암스테르담 관광을 나섰다.
그런데 다음 날 아침 아주 가슴 아픈 일이 하나 발생했다. 내가 머물던 집에 도저히 자전거를 세워둘 곳이 없어서 밖에다 세워 뒀었는데, 어떤 나쁜 놈이 내 자전거의 전조등과 후미등, 안장 커버를 아주 깔끔하게 떼어간 것이었다. 소매치기를 그렇게 조심했는데, 유럽에 들어오고 한 달간 아무 사고도 없다 보니 너무 방심했던 것 같았다. 이 정도는 괜찮겠지 하는 마음에 몇몇 장치들을 자전거에 그대로 두었더니 결국 이 사달이 나고야 말았다.

쓰린 마음을 안고, 나는 어제 갔었던 암스테르담의 담 광장으로 다시 발걸음을 옮겼다. 이곳 Host가 아주 유용한 정보를 주었기 때문이다. 그것은 바로 담 광장(de Dam)에서 매일 4회 실시하는 무료 시티 투어. 담 광장에 오렌지색 우산을 든 이들이 나와 있는데, 무료 시티 투어를 진행하는 이들이었다. 이 투어는 암스테르담에서 무료로 입장 가능한 관광 명소를 소개해주고, 유료로 입장해야 하는 곳 중에서 여러 중요한 장소들을 알려주는 형식으로 진행되었다.

그렇게 유럽 입성 후 처음으로 현지인 전문 가이드와 함께 투어를 시작했다. 물론 영어 가이드라서 다 알아듣진 못했지만, 매우 유쾌하고 즐거운 시간이었다.

가이드가 제일 먼저 보여준 곳은 바로 암스테르담에서 2번째로 '얇은 집'이었다. 1위와의 차이가 불과 몇 센티도 안 된다고 하는데, 저런 집에서 어떻게 사나 싶을 정도로 얇은 집이었다. 그 집이 지금도 실제로 사용되고 있다는 말에 더욱 놀라지 않을 수 없었다. 세상에서 가장 키가 큰 민족의 가장 얇은 집이라니…. '저 집에서는 뒹굴뒹굴거리는 게 큰 사치겠구나'라는 생각이 들었다.

창문 하나짜리 얇은 집. 화살표 안에 있는 것이 집 한 채이다. 진짜 딱 한 걸음 너비다. 바로 저 집이 암스테르담에서 두 번째로 '얇은 집'이라고 했는데, 1위와의 차이도 불과 몇 cm라고 했다. 저곳에 실제로 사람이 거주한다는 사실이 놀라울 따름이다.

이어서 도심 투어를 이어갔다. 가이드의 맛깔 나는 설명과 다양한 볼거리에 투어에 참여한 모두가 시간 가는 줄 모르고 암스테르담의 매력에 빠져들기 시작했다.

치즈 가게에서 말로만 듣던 대형 치즈를 보았다.
한 입 먹어봤는데 달콤한 게 내 입맛에 딱이었다.

집의 지붕 부분을 보면 길게 기둥이 나와 있는 것이 보이는데, 이사를 할 때 저 기둥에 가구 등을 매달아서 위로 올린다고 한다. 좁은 계단으로는 가구들을 옮기기 힘들기 때문에, 암스테르담 건축물의 지붕에는 대부분 저 기둥이 붙어 있다.

이어서 찾아간 곳은 암스테르담 박물관(Amsterdam Museum). 이곳에는 암스테르담의 역사적 유물들이 전시되어 있었다.

박물관 내부. 무료 투어이다 보니 무료로 갈 수 있는 곳까지만 들어갔다. 무료 도심 투어는 이렇게 볼거리들의 대략적인 위치와 함께 도시의 역사, 문화 등을 알려주는 투어로 진행되었다.

다음으로 간 곳은 베긴호프(Begijnhof)라는 곳이었다. 이곳은 아주 작은 집들이 모여 있고, 그만큼 작은 성당, 또 그만큼 작은 정원이 아기자기하게 모여 있는 곳이었다.

이곳의 기원은 수도원인데, 1300년대 당시 사회적 약자였던 여성들이 수녀님처럼 조용히 수도하며 살고 싶어서 만든 자립 공동체라고 한다. 그 기원에서도 알 수 있듯이 원래는 외부와 철저히 단절된 공간에 수녀님들이 모여 사는 조용한 곳인데, 내가 방문했던 그곳은 수많은 관광객들로 인해 시끌벅적한 곳으로 변해 있었다.

작고 고만고만한 높이의 건물들이 정원을 빙 둘러싸고 있다.
모든 건물들이 정말 한 치의 틈도 없이 딱 붙어 있는 게 참 인상적이다.

수녀님들이 계시던 곳이면 분명 이곳에도 성당이 있을 텐데, 아무리 둘러봐도 성당 건물 같은 것은 보이지 않았다. 알고 봤더니 다른 집들과 똑같이 생긴 평범한 건물이 바로 성당이었다. 물론 내부는 겉모습과는 달리 온전한 성당의 모습을 하고 있었다.

성당으로 들어가는 입구. 밖에서 보면 '이게 성당인가?' 싶을 정도로 평범하게 생긴 건물이다.

성당의 제대와 스테인드글라스.

    베긴호프 구경을 마친 후 투어 일행과 함께 밖으로 나왔다. 베긴호프 안에도 수많은 사람들로 넘쳐났는데, 밖은 안쪽의 몇 배나 되는 사람들이 거리를 가득 메우고 있었다. 게다가 다들 어찌나 키가 큰지, 유럽 입성 후 거리에서 그렇게 답답함을 느낀 것은 처음이었다.

수많은 인파로 북적이는 거리. 　　주요 거리를 조금만 벗어나도 저렇게 한산하다. 문 위쪽 가운데 여신상이 들고 있는 방패에 있는 그림이 암스테르담 시기(市旗)이다.

　베긴호프 주변 안쪽 골목골목 여행을 마친 후 넓은 곳으로 나왔다. 수로를 중심으로 양옆에는 건물들이 빈틈없이 빼곡하게 들어차 있었는데, 암스테르담은 그렇게 지금까지 봐왔던 다른 유럽 도시들과는 조금 다른 느낌으로 다가왔다.

여기저기 온통 자전거가 있는 것도 이 도시의 또 다른 특징 중 하나이다.
모든 난간마다 자전거가 없는 곳이 없었다.

건물 모서리에 저렇게 경사진 철판을 덧씌워 둔 이유는
바로 노상 방뇨 방지를 위해서라고 한다. 사람들이 새벽까지 술과 마약을 한 후에
건물 구석에서 하도 노상 방뇨를 하니까, 저렇게 철판을 덧대서
소변이 그 볼일 보는 사람에게 흘러내리게끔 만든 것이라고 한다.

그렇게 1시간여 동안 이어진 암스테르담 투어가 끝이 났다. 이 무료 투어 때 좋은 인상을 받은 나는 저녁에 있는 야간 유료 투어도 신청을 했고, 저녁 투어 전까지 혼자만의 암스테르담 구경에 나섰다.

두 눈을 의심하게 만든 비주얼의 차량. 1인승 초미니 자동차이다.
진짜 혼자서도 들면 번쩍 들릴 것 같았다.

제일 먼저 들어간 곳은 렘브란트 박물관(Museum het Rembrandthuis). 이곳은 원래 계획에 없었는데, 지나가다 우연히 얻어 걸렸다. 이름이 낯이 익은 화가가 나와서 그런지 더욱 반가웠다. 그래서 고민하지 않고 바로 입장했다.

이곳은 네덜란드를 대표하는 화가인 렘브란트(Rembrandt Harmenszoon van Rijn[17], 1606~1669)가 1639년부터 1660년까지 살았던 집이라고 한다. 렘브란트는 빛의 미술사로 불리는 네덜란드 최고의 화가 중 한 사람으로서, 17세기의 가장 위대한 화가 중 한 명으로 손꼽히며, 주요 작품으로는 '튈프 교수의 해부학 강의'(1632), '야경'(1642), '돌아온 탕자'(1669) 등이 있다.

---

17) 이름 가운데 'van'은 네덜란드에서 귀족 가문 등 이름 있는 가문에서 쓰는, 성씨 앞에 붙는 단어이다. 박지성 선수의 전 맨유 동료로서, 우리가 잘 아는 판 니스텔루이(Rutgerus Johannes Martinus "Ruud" van Nistelrooij)도 이름에 이 단어가 들어간다.
독일어에서는 이와 비슷하게 'von'이라는 단어를 쓰는데(예를 들어 괴테는 독일인인데, 정식 이름이 'Johann Wolfgang von Goethe'다), 독일 음악의 거장 베토벤은 독일인임에도 'van'을 써서 'Ludwig van Beethoven'이라는 이름을 갖게 되었다. 베토벤의 할아버지가 네덜란드 귀족 출신이었기 때문이다.

렘브란트 박물관 입구.

박물관 내부.

 그렇게 간만에 예술의 향에 흠뻑 취해 렘브란트 박물관 구경을 마친 후, 네덜란드의 오후를 즐기러 밖으로 나왔다. 수로에는 물의 도시답게 많은 관광객들이 배를 타고 관광을 즐기고 있었다. 작은 배, 큰 배, 식사를 할 수 있는 배, 지붕이 없는 배, 지붕이 있는 배 등 정말 수많은 종류의 배들이 암스테르담의 물길을 수놓고 있었다.

수없이 많은 배들이 관광객들을 태운 채 바삐 오갔다.
암스테르담은 정말 다양한 방법으로 즐길 수 있는 도시였다.

배의 종류는 엄청나게 다양했다. 파티장이나 식당으로 쓰이는 듯한 배도 볼 수 있었다.

암스테르담은 그야말로 자전거의 천국이었다. 엄청난 수의 자전거가 시내 곳곳을 활보하고 있고, 자전거 도로 역시 넓게 잘 되어 있었다. 자동차에게는 안 좋은 곳이었는데, 번화가에는 넓은 도로도 있긴 했지만, 시내 안쪽은 거의 다 편도 일차선 도로였다. 이 나라에서는 자전거를 타는 것이 선택이 아닌 필수인 듯 보였다.

인도 - 자전거 도로 - 차도가 나란히 있는 모습.

요란한 간판의 콘돔 가게. 사이즈와 취향에 따라서 다양한 콘돔을 골라서 살 수 있다고 한다.

이어서 방문한 곳은 하이네켄 체험관이었다. 하이네켄 체험관에 방문했던 짜릿한 경험은 뒤에 풀어놓을 것이다.

그렇게 알차게 암스테르담 관광을 마친 후 드디어 야간 투어에 나섰다. 저녁 8시가 되자 낮에 안내했던 가이드가 다시 와서 야간 투어를 안내해 주었다. 그렇게 설레는 암스테르담 야간 투어가 시작되었다.

야간 투어에는 나 외에 모든 이들이 커플이었는데, 곧 왜 이 야간 투어에 커플들밖에 없는지 곧 알 수 있었다. 야간 투어는 암스테르담 밤 문화 체험을 중심으로 진행되었기 때문이다. 먼저 암스테르담에서 가장 큰 콘돔 가게를 구경한 후 홍등가로 향했다. 홍등가에는 문마다 아가씨들이 줄지어 서 있었고 지나가는 사람들을 상대로 호객 행위를 하고 있었다.

24시간 사람들로 북적이는 곳. 밤이 되면 더 수많은 인파가 길을 헤매는 곳.
이 주변 전체가 성 관련 산업으로 먹고사는 곳이었다.

밤이 깊어올수록 이곳의 사람들은 점점 많아지고 있었는데, 확실히 암스테르담의 골목은 낮보다는 밤에 더 활기찬 곳이었다.

어느 카페 앞에서는 그동안 살아오면서 한 번도 맡아보지 못했던 독특한 향을 느낄 수 있었다. 워낙 독특한 향이라서 이게 무슨 냄새냐고 가이드에게 물어보았는데, 바로 그 향이 마리화나 향이라고 하였다. 그 카

페는 커피로 유명한 것이 아니라, 마리화나를 파는 곳으로 유명한 곳이었다.[18]

이어서 기념품 가게로 들어갔다. 그곳에는 귀엽고 깜찍한 모양의 수많은 기념품들이 자리하고 있었다. 하지만 이날 야간 투어가 전해준 강한 문화적 충격 탓인지 기념품들이 머리에 잘 들어오지 않았다. 이 사람들, 어쨌든 정말 관광객 돈 쓰게 하는 데는 엄청난 소질을 갖고 있는 것 같았다.

이 카페는 마리화나로 유명한 곳이라고 한다. 생전 맡아보지 못한 이상한 향이 새어나와 코끝을 찔러댔다.

너무 예뻤던 암스테르담 관련 상품들. 사고 싶은 충동을 참느라 정말 힘들었다.

---

18) 네덜란드에서 아무리 대마초가 합법이라 하더라도, 한국인이라면 절대 이 카페에 가서 대마초를 흡입하면 안 된다. 대한민국 형법은 속인주의가 적용되기 때문에, 네덜란드에서 대마초를 흡입했다 하더라도 귀국 후 한국 법에 의해 처벌받을 수 있다.

평범한 기념품 가게 구경 후, 야간 투어답게 성인 용품점에도 들렀다. 성인 용품점은 처음 들어가 보았는데, 그야말로 신세계였다. 온갖 용품들이 적나라하게 전시되고 있는 모습이 참 인상적이었다. 같이 갔던 사람들은 만져보고 서로 비교해보며 구경하고 있었다. 머뭇머뭇거리는 사람들에게는 가이드가 '그럴 거 없다. 바로 이것이 여기 문화다'라고 하며 한 발 더 다가가서 직접 만져보고 구경해보라고 이야기해주고 있었다.

엄청난 문화적 이질감 때문인지 모르겠는데, 이날 밤의 기억은 어릴 적 뭔가 굉장히 야한 꿈을 꾼 듯한, 그렇게 아련한 추억의 한 페이지로 남게 되었다. 바로 몇 시간 전이었는데도, 이날의 야간 투어는 기억 저편의 오랜 기억처럼 순식간에 멀어져갔다. 한국에서는 다시는 해보지 못할 그런 경험이었기에, 더더욱 빠르게 기억에서 멀어졌는지도 모르겠다.

정말 이 야간 투어를 통해서, 암스테르담이라는 도시를 더욱 생생하게 느낀 것 같았다. 낮에도 생동감이 넘쳤지만, 밤에는 그야말로 도시 곳곳이 '뜨거운 피'로 넘쳐흐르고 있었으니 말이다.

아름다운 암스테르담의 야경.

암스테르담은 너무나도 화려하고, 정신없고, 재미있으면서도 시끄럽고, 친절하면서도 활기찬, 수많은 가치가 공존하는, 예술과 문화가 살아 숨쉬는, 몇 마디 단어로는 도저히 정의 내리기 힘든 그런 도시였다. 밤이 깊었지만, 암스테르담의 열기는 시간이 갈수록 더욱 뜨거워졌다.

7.2. 행복한 시간, 하이네켄 체험관(Heineken Experience)!

2016년 5월 20일(금).
일정 : 네덜란드 암스테르담(Amsterdam)

오전에 시내 가이드 투어를 마치고 첫 방문지로 렘브란트 박물관을 다녀온 나는, 다음 행선지를 반 고흐 박물관으로 정했었다. 렘브란트 박물관을 보고 미술의 세계에 순간 깊게 들어가 버린 것이다. 빈센트 반 고흐는 네덜란드가 낳은 최고의 화가 중 한 명으로, 별이 빛나는 밤, 해바라기 연작, 자화상 등 엄청난 작품들을 남긴 화가이기 때문에 꼭 그의 작품들을 보고 싶었다.

그래서 반 고흐 박물관으로 열심히 가던 중 운명처럼 눈앞에 나타난 것이 있었으니, 그것이 바로 하이네켄 체험관(Heineken Experience)이었다.

나는 반 고흐를 포기하고 하이네켄 체험관으로 발걸음을 옮겼다. 아니, 정신을 차려보니 이미 구매한 티켓이 내 손에 들려 있었다. 그렇게 오리지널 하이네켄을 맛보기 위한 긴 여정을 시작했다. 이렇게 표현하고 싶다. '고흐가 진 것이 아니라, 하이네켄이 이긴 것이다!'

하이네켄 체험관의 입장료는 18€(약 23,800원)였다. 필스너 우르켈 박물관에 비하면 거의 2배 가격이었는데, 체코와 네덜란드의 물가를 고려하면 적당한 가격일지 모르지만, 조금 비싸게 느껴지는 것은 어쩔 수 없었다. 이 체험관은 1863년 설립되어 1980년대 말까지 실제 양조장으로 사용되었던 곳인데, 이후 체험관으로 개조를 해서 운영되는 곳이라고 한다. 체코의 필스너 우르켈 박물관은 반드시 가이드와 함께 공장 투어를 해야 했었는데, 이곳 하이네켄 체험관은 가이드 없이 자유롭게 돌아다니는 방식으로 운영되고 있었다.

렘브란트의 대표작 야경. 그런데 뭔가 살짝 이상하다. 그렇다. 가운데 주인공이 원래는 빈손이어야 하는데 손에 맥주 한 잔이 들려 있는 것이다. 이런 센스쟁이들!

하이네켄 브루어리의 초석. 돌에 새겨진 날짜가 1867년 5월 17일이다. 고종 4년에 이 초석이 새겨진 것이다.

하이네켄 로고의 변천사. 아래쪽 로고들은 필스너(Pisner) 맥주(라거 특유의 황금빛과 청량감이 있고, 쌉싸름한 맛이 가미된 맥주)인 것을 강조하고 있다.

역사에 대한 전시장을 지나니 제조 과정을 살펴볼 수 있는 공간이 나왔다. 이곳 역시 매우 자유로운 분위기였다. 하이네켄 체험관은 '자유' 그 자체였다.

하이네켄 맥주의 원료들.

예전에 실제로 사용되었던 맥주 제조 설비들을 직접 관찰할 수도 있었다.

중간에 아주 배꼽 잡는 장면도 목격했다. 'Heineken Horse Power'이라는 도발적인 문구와 함께 실제로 말이 마굿간 안에 있는 것을 목격했기 때문이다. 하이네켄을 마시면 말과 같은 힘을 낼 수 있다 이건가…. 하긴 술을 적당히 많이 마시면 힘이 넘쳐나긴 한다. 너무 많이 마시면 그 힘이 다 사라지지만.

이곳에서 제일 재미있었던 마케팅 문구.

이어서 맥주 시음장에 들어섰다. 이곳은 그냥 무료로 바텐더가 주는 맥주를 마실 수 있는 곳이었다. 하이네켄의 상징 별 모양의 바에 다가서면 바텐더가 작은 잔에다 맥주를 따라주는데, 일정 인원 이상 맥주를 받으면 바텐더의 리드에 맞춰서 맥주를 한잔하는 형태로 운영되었다. 하이네켄 체험장은 그렇게 온몸으로 하이네켄의 흥겨운 분위기 속으로 관람객들을 이끌고 있었다.

바텐더와 함께 즐겁게 맥주 한 잔.

맥주 하면 빠질 수 없는 것이 바로 축구일 것이다. 우리나라에서는 야구와 축구 등 스포츠 경기를 볼 때 맥주와 치킨이 진리이듯이, 유럽에서도 가장 인기 있는 스포츠인 축구를 볼 때는 맥주가 빠질 수 없다. 하이네켄도 이 축구와 떼려야 뗄 수 없는 관계인데, 유럽 최고의 클럽 축구 대항전인 UEFA 챔피언스 리그의 공식 후원사가 바로 이 하이네켄이다.

20년 동안 챔피언스 리그를 공식 후원했다고 저렇게 대문짝만하게 자랑을 하고 있다. 축구 마니아로서 인정한다. 그래, 저건 자랑 좀 해도 될 듯하다.

챔피언스 리그 공식 후원사답게 수많은 축구 스타의 친필사인이 들어간 유니폼을 전시 중이었다. 크리스티아누 호날두(Cristiano Ronaldo), 루이스 피구(Luis Figo), 파올로 말디니(Paolo Maldini) 등 쟁쟁한 스타들의 유니폼이 걸려 있었다. 예전 삼성이 첼시를 후원했을 당시 유니폼도 걸려 있었는데, 첼시 유니폼에는 2019 토트넘 감독으로 부임한 조세 무리뉴 감독의 사인이 들어가 있었다. 그는 2004년에서 2007년, 2013년에서 2015년 두 차례 첼시 감독을 역임했다.

2014년 챔피언스 리그 결승전에서 실제로 사용되었던 공이라고 한다. 당시 레알 마드리드가 지역 라이벌 아틀란티코 마드리드를 4:1로 이기고 우승을 차지했다.

7. 네달란드 415

재미있고 흥겨웠던 하이네켄 체험관 견학이 마무리되고 있었다. 이곳도 필스너 공장과 마찬가지로 맥주를 시원하게 한 잔 해야 모든 견학이 끝나게 되어 있었다. 나는 마지막 종착지를 향해서 열심히 달려갔다.

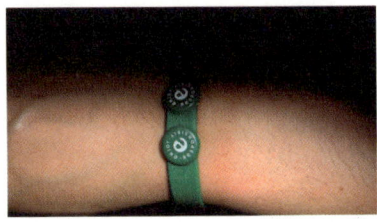
이 팔찌는 처음 티켓을 살 때 주는데, 잘 간직해야 한다. 이 팔찌에 달린 코인 하나가 맥주 한 잔이기 때문이다.

드디어 제대로 된 하이네켄 생맥주를 마실 차례!

시작이 있으면 끝이 있는 법, 하이네켄 한 잔을 마지막으로 이곳 체험관에서의 모든 체험이 끝이 났다. 정말 즐겁고 흥겨운 시간이었다. 처음에는 생각을 못 했는데, 나중에 그곳에서 찍은 사진을 보니 이날 입고 갔던 옷이 공교롭게도 하이네켄의 상징인 녹색 옷이었다. 덕분에 이곳과 더욱 잘 어울릴 수 있었던 것 같다. 네덜란드의 즐거움을 몸소 느껴볼 수 있는 재미있는 시간이었다.

이렇게 짧지만 굵었던 네덜란드 암스테르담 여행이 마무리되었다.
다음 목적지는 바로 네덜란드의 바로 옆 나라이자, 베네룩스 3국을 이루는 또 다른 나라, 바로 벨기에다.

8. 벨기에 – 음악과 맥주가 넘쳐흐르던 흥겨운 도시, 브뤼셀(Brussels)!

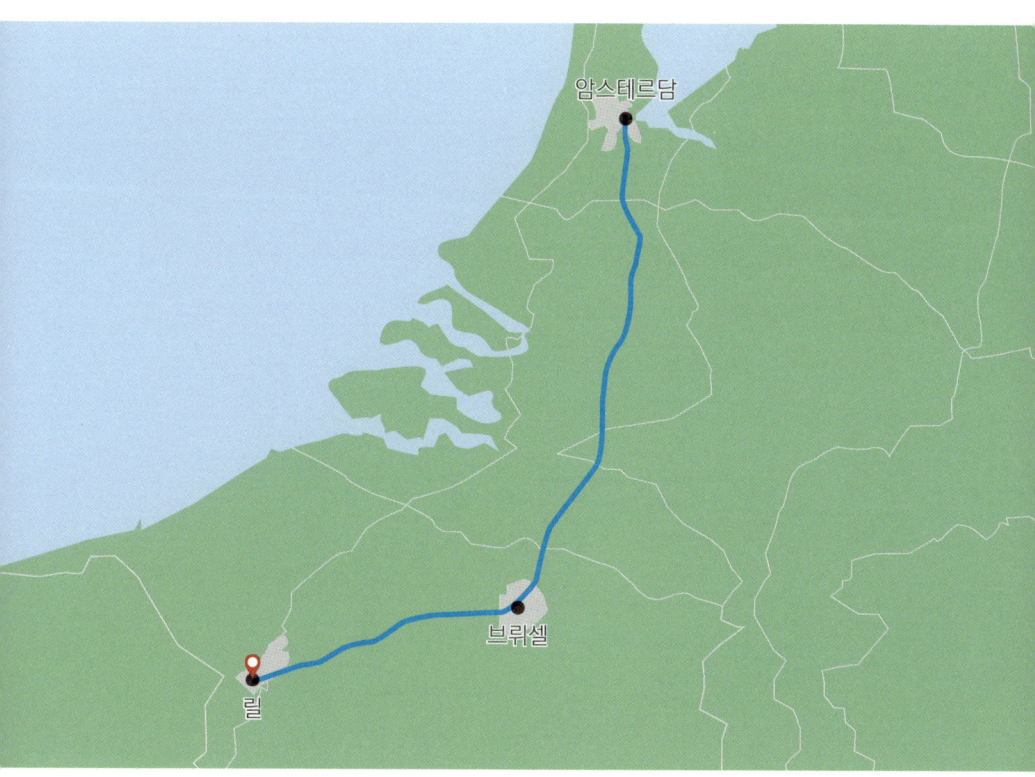

이동 경로 : 네덜란드 암스테르담(Amsterdam)~벨기에 브뤼셀(Brussels)~프랑스 릴(Lille)

2016년 5월 21일(토).

일정 : 네덜란드 암스테르담(Amsterdam) ~ 벨기에 브뤼셀(Brussels)

암스테르담에서 화려한 시간을 보낸 후, 버스를 타고 벨기에의 브뤼셀로 향했다. 자전거를 타고 가면 도저히 계획된 일정을 맞출 수 없어서 버스를 이용해야만 했다.

오랜만에 다시 이용한 플릭스 버스는 아주 편하고 좋았다. 인터넷이나 휴대폰으로 예매를 하면 화면에 티켓이 뜨는데, 버스에 타기 전 이 티켓을 인쇄하든지 티켓이 나와 있는 휴대폰 화면을 보여주고 버스에 타면 되는 방식이었다. 티켓에는 버스 운행 정보, 탑승 장소, 가격 등의 정보가 나와 있다. 국경을 넘게 되면 간혹 여권 검사를 할 수도 있으니 여권은 꺼내기 좋은 곳에 보관해야 한다. 버스 안에 화장실도 있는데, 화장실의 청결도는 그렇게 좋은 편은 아니었다. 흔들리는 버스 안에서 볼일을 보다 보니 그런 듯 보였다. 하지만 화장실을 제외한 버스 내부는 아주 깨끗했다.

버스 티켓. 자전거를 싣는 사람은 자전거 표를 반드시 따로 구매를 해야 한다. 자전거 가격이 사람과 동급이다.

이렇게 이날 역시도 너무나도 편안하게 브뤼셀에 도착했다. 자전거를 안 타니 힘이 남아돌았다.

벨기에(네덜란드어 : Koninkrijk België, 프랑스어 : Royaume de Belgique, 독일어 : Königreich Belgien, 영어 : The Kingdom of Belgium)는 유럽 북서부에 위치한 작은 왕국으로서, 공식 명칭은 벨기에 왕국이다. 벨기에는 네덜란드, 룩셈부르크와 함께 베네룩스(Benelux) 3국을 결성하고 있으며, 프랑스, 독일, 룩셈부르크, 네덜란드와 국경을 접하고 있다.

언어는 따로 벨기에어가 있지 않고 네덜란드어(정확히는 네덜란드어에서 파생된 플라망어(Flemish))와 프랑스어, 일부 지역에서는 독일어도 사용하기 때문에 공용어가 네덜란드어(약 59%), 프랑스어(약 40%), 독일어(1% 내외) 등 3개나 된다. 또한 영어가 필수 외국어이며, 스페인어도 제2외국어로 배우고 있다고 한다.

네덜란드와 같은 입헌 군주국이며, 수도는 브뤼셀이다.

벨기에의 수도 브뤼셀(네덜란드어 : Brussel, 프랑스어 : Bruxelles, 영어 : Brussels)은 벨기에의 한복판에 위치해 있으며, 유럽 연합(EU) 본부 및 각종 산하기구들, NATO(북대서양 조약 기구, North Atlantic Treaty Organization), WCO(세계 관세 기구, World Customs Organization) 등 수많은 주요 국제기구의 본부가 있기 때문에 유럽의 수도라는 별칭으로 불리기도 한다. 브뤼셀에 이렇게 많은 국제기구가 들어선 이유로 독일, 프랑스, 영국처럼 유럽 내 강대국들이 중립적인 위치를 찾다가, 여러 가지 언어가 다 통하고 지리적으로도 중간 지점인 이곳을 택하지 않았을까 하는 생각을 해보았다.

브뤼셀에 머물면서 무엇보다 좋았던 점은 이곳이 수백 종류의 맥주와 와플로 아주 유명하다는 점이다.

독일의 경우는 맥주 순수령[19]이 선포된 이후 물, 보리, 홉 등 단 3가지만으로 맥주를 만들도록 했기 때문에 다양한 맥주의 개발이 제한되었고 전통 방식을 따라서 맥주를 만들어야만 했던 데 반해서, 벨기에는 당연히 독일의 맥주 순수령에서 자유로웠기 때문에 다양한 맥주들이 개발될 수 있었다. 벨기에 맥주는 여러 가지 부가 재료를 통해 다양한 맛을 내는 것이 특징이다. 이곳에 오면 세상 모든 맛의 맥주를 다 맛볼 수 있다고 해도 과언이 아니다.

버스를 타고서 편안하게 도착한 브뤼셀, 하차한 곳은 브뤼셀의 시내 중심가와 그리 멀지 않았다. 길거리에는 수많은 사람들이 오가고 있었고, 다양한 거리 퍼레이드도 펼쳐지고 있었다. 그런데 거리 곳곳에는 장갑차가 대기 중이었고 군인들과 경찰들의 모습도 많이 볼 수 있었다. 모두 내가 도착하기 불과 2달 전인 2016년 3월 22일에 벌어진 브뤼셀

---

19) 맥주 순수령은 1516년 4월 23일 바이에른 공국의 빌헬름 4세에 의해 공포되었는데, 맥주는 오직 보리, 물, 홉으로만 만들어야 한다는 것을 골자로 하는 법이다. 맥주의 핵심 재료인 효모(Yeast)는 19세기가 되어서야 발견되었기 때문에 맥주 순수령에서는 빠져 있다. 이 맥주 순수령 덕분에 독일 맥주는 맥주 제조를 체계화하며 전통을 이어나갈 수 있었지만, 다양한 맥주의 개발에 있어서는 한계점을 갖게 되었다.

테러 사건 때문에 경비가 삼엄해진 탓이었다. 퍼레이드를 즐기는 사람들의 표정과 그 곁에서 경계 근무를 서는 경찰 및 군인들의 상반된 표정이 이 도시의 상황을 대변해주고 있었다.

잠깐 시내 구경을 마친 나는 Host의 집이 있는 곳으로 발걸음을 옮겼다. Host의 집 근처에 도착한 후 늦은 점심을 먹기 위해 식당을 찾아 나섰다. 밥을 먹으며 말로만 듣던 벨기에 맥주를 맛보기 위해서였다. 내가 들어간 식당은 인기가 좋은지 식사 시간이 지났음에도 야외 테이블이 가득 차 있었는데, 다행히 운 좋게도 바깥의 자리 하나를 차지할 수 있었다.

햇빛이 좋은 날 유럽의 식당들을 보면 안쪽은 텅텅 비어있고 바깥은 항상 만원이었다.

종업원의 추천 메뉴와 맥주 한 잔을 시켰는데, 뭐가 나오나 했더니 소고기 육회가 나왔다.
소주 한잔이 간절해지는 순간이었다.
달걀노른자까지 있는 것으로 봐서 우리나라에서 비법을 전수받은 모양이다.

   늦은 점심을 먹은 후 Host의 집에 들어갔는데, 뭐 거의 저녁 시간이었다. 그 집에는 두 명이 함께 살고 있었는데, 둘 다 직장인이라서 그들이 퇴근하고 올 때까지 기다려야 했기 때문이다. 다행히 이른 시간에 퇴근해서 늦은 점심을 먹고 나니 시간이 얼추 맞았다. 한 명은 이탈리아 사람이었고, 다른 한 명은 네덜란드 사람이었다. 그들과 인사를 나누고 간단한 간식을 먹으며 이야기를 나눈 후, 근처의 좋은 맥줏집을 소개받아서 바로 그곳으로 향했다. 본격적인 벨기에 맥주 탐방의 시간이 돌아온 것이다!

맥주를 마시러 가며 찍은 거리의 풍경.

도착한 곳은 Host의 집 근처에 있는 맥주 가게(Le Barboteur - Bierothèque)였는데, 오랜 역사가 느껴지는 건물의 모습과는 달리 실내는 굉장히 현대적인 분위기였다. 가게에서 흘러나오는 음악도 아주 마음에 들었다. 특이했던 점은 안주도 있을 법한데, 사람들이 모두 '맥주'만을 마시고 있었다는 점이다. 안주를 먹는 사람은 그 어디에도 찾아볼 수 없었다. 그 흔한 과자 하나 보이지 않았다.

가게에 붙어 있던 아크로바틱한 자세의 포스터와 너무나도 사랑스러운 브뤼셀 스티커.

나는 강한 맥주를 한번 맛보고 싶었다. 그래서 사장님께 '나는 아주 강하면서도 맛있는 맥주를 찾는다'라고 말했더니 어느 한 맥주를 추천해주셨다. 직접 전용 잔에 따라주기도 했는데, 나는 그 맥주를 들고 창가의 자리로 가서 앉아 벨기에의 한가로운 오후를 즐겼다.

사장님이 직접 전용 잔에 맥주를 따라주고 있다.

강한 맥주를 달라고 했는데, 맥주를 마셔보니 정말 강했다. 익숙한 소맥의 느낌도 났다. 맥주 도수가 9~10도 정도나 되었기 때문이다.

다음 날, Host와 함께 자전거를 타고 브뤼셀 투어에 나섰다. 아침부터 비가 주룩주룩 내려서 Host들은 방수복을 갖춰 입고 나왔고, 나 역시 방수 바지를 빌려 입고 나왔다.

어제 잠깐 나와서 구경했었지만, 이날 다시 만난 브뤼셀 도심은 정말 멋진 건물들로 가득 차 있었다. 오전에는 비가 왔다 갔다 해서 그런지 사람들도 많이 없었기에, Host와 함께 천천히 이곳저곳을 음미하며 브뤼셀을 온몸으로 느껴보았다.

라모네 왕립 극장.(프 : Théâtre Royal De La Monnaie / 네 : Koninklijke Muntschouwburg. 줄여서 'La Monnaie / De Munt'라고 한다.) 벨기에 최고의 극장인 브뤼셀 왕립 오페라 극장이다.

너무나도 멋지게 생겼던 건물. 놀랍게도 이 건물은 브뤼셀의 증권 거래소 건물이었다.
나폴레옹 보나파르트의 명령에 의해 세워졌다고 한다.

이어서 찾아간 곳은 벨기에 브뤼셀의 중심이자 예술과 문화의 중심, 멋진 건물들로 둘러싸인 광장. 바로 그랑플라스(Grand Place) 광장이다. 둘러싼 건물들 덕분에 황금으로 둘러싸인 듯한 착각을 일으키는 넓은 직사각형 모양의 이 광장은 1998년에 유네스코 세계 문화유산에 등록되었다고 했다. 그만큼 아름답고 예쁜 곳이었다.

광장에는 무려 96m의 첨탑을 가진 15세기 고딕 양식의 건물인 브뤼셀 시 청사가 있고, 그 맞은편에는 브뤼셀 시립 박물관이 있다. 이 시립

박물관에는 브뤼셀에서 가장 유명한 동상인 오줌싸개 동상의 각종 의상들이 전시되어 있다고 한다.

그랑플라스 광장을 둘러싸고 있는 건물들의 모습.
이곳 광장 건물들의 특징은 모두 번쩍번쩍 금색 옷을 입고 있다는 점이다.

내가 방문한 그날은 그랑플라스 광장에서 큰 음악 축제가 있었다. 비가 계속 오다 말다를 반복해서 아직 사람은 많이 없었지만, 벌써 사람들이 부산하게 움직이고 있었고, 여느 축제장이 그러하듯 이곳에서도 각종 거리 음식을 팔고 있었다. 나는 잠시 후 이곳에 다시 오기로 하고 광장을 나와서 발걸음을 옮겼다.

건물 벽에 그려진 만화는 '탱탱의 모험(틴틴의 모험 / Les Aventures de Tintin)'이라는 만화인데, 벨기에 만화 작가 에르제(Hergé, 본명 Georges Prosper Rémi)가 1929년 연재를 시작한 만화이다. 전 세계 50개 언어로 60여 개 국에 판매되었으며, 2011년 스티븐 스필버그가 감독한 '틴틴 : 유니콘호의 비밀'이라는 제목의 만화 영화로 국내에 소개되기도 했다. 우리나라에서 유명한 개구쟁이 스머프도 벨기에산 만화다.

이어서 벨기에의 명물, 오줌싸개 동상(Manneken Pis)을 찾아갔다. 그랑플라스 광장에서 그리 멀지 않은 곳에 위치해 있었는데, 이 동상은 14세기 프랑스 군대가 침략했을 때 도시에 큰 불이 났을 때 줄리앙이라는 소년이 오줌으로 불을 꺼서 도시를 구한 것을 기념하기 위해 만들었다고 한다. 소년이 오줌으로 불을 꺼서 도시를 구했다니, 어디까지 믿어야 할지 모르겠다. 1619년 조각가 제롬 뒤케누아(Jerome Duquesnoy)가 만든 이 청동상은 크기가 60cm 정도인데, 직접 가서 보니 정말 작긴 작았다.

국빈들이 벨기에를 방문할 때 오줌싸개 동상의 의상을 그 나라의 전통 복장으로 만들어서 선물로 가져오는 것이 관례라고 한다. 그 덕분인지 수많은 의상이 브뤼셀 시립 박물관(Musée de la ville de Bruxelles)에 보관되어 있다. 내가 갔을 때는 벌거벗은 채로 열심히 오줌을 누고 있었다.

동상의 모습.

동상이 그동안 입은 수많은 옷들. 우리나라 한복도 보인다.

그렇게 시내를 돌아다니다가 작은 성당에도 한번 들어가 보았다. 성당 구경을 마친 후 밖으로 나왔는데, 아주 반가운 문양을 만날 수 있었다. 바로 산티아고 순례길의 상징인 가리비 문양을 만난 것이다. 이곳에서 산티아고까지는 가장 빠른 육로로도 약 1,800km 가까이 되는 거리인데, 아마 여기부터 본격적으로 산티아고 순례길에 마음이 꿈틀댔던 것 같다.

이번 여행에서 처음으로 발견한 산티아고 순례길의 상징 가리비 문양.
여기가 어딘데 벌써부터 이게 있는 건지….

브뤼셀에 오줌 싸는 소년만 있느냐! 기상천외한 동상들이 몇 개 더 있다. 바로 오줌 싸는 개(Zinneke Pis) 동상이다. 오줌 싸는 소녀 동상도 있다던데 그것까진 보지 못했고, 여튼 참 신선한 동상이었다. 오줌 싸는 소녀 동상은 오줌 싸는 소년 동상이 워낙 큰 인기를 끌자 지역의 상인들이 돈을 모아서 만든 것이라고 하는데, 그 모습은 상상에 맡긴다. 똥 싸는 소년을 만들지 않은 것이 천만다행이라는 생각이 들었다.

오줌 싸는 개 동상. 저 동상을 보고 괜히 소변이 마려운 건 기분 탓이겠지?

브뤼셀을 사랑할 수밖에 없는 글자 일러스트.
브뤼셀의 B만 봐도 하트가 자동으로 발사될 지경이다.

이날 오후에는 Host가 파티 약속이 있어서 가봐야 한다고 했다.

선물로 꽃을 사러 간다고 해서 나 역시 꽃집에 따라 들어가 봤다. 드디어 유럽의 꽃집에 입성한 것이다. Host가 이것저것 주문을 하자 직원이 휘리릭 하더니 금방 멋진 꽃다발이 완성되었다.

곱게 포장된 꽃. 다양한 꽃들이 조화롭게 어우러져 있다. 참 예쁘기도 하여라~~

 꽃집에서 Host와 헤어진 후 다시 그랑플라스(Grand Place) 광장으로 돌아왔다. 그곳에서 열릴 축제를 함께 즐기고 싶었기 때문이었다.

 광장 가운데 브뤼셀 시립 박물관 앞에 무대가 마련되어 있었는데, 아까와는 다르게 많은 사람들이 자리를 가득 메우고 있었다.

 이날 행사의 이름은 '브뤼셀 재즈 마라톤(Brussels Jazz Marathon).' 봄날 광장에서 맥주 한 잔과 함께 즐기기에는 더할 나위 없이 좋은 공연이었다.

너무나도 아름다운 그랑플라스 광장의 건물들.

이날 주제는 '브뤼셀 재즈 마라톤.' 부드러운 재즈 선율이 광장을 가득 메우고 있었다.

아름다운 광장 속 음악 축제. 정말 대단한 경험이었다.

음악에 취해 자리에 앉아서 재즈 음악을 몇 곡 듣고 난 후 다시 브뤼셀 투어를 떠났다. 축제의 현장에 계속 있고 싶은 마음이 간절했지만, 브뤼셀을 구경할 날이 이날 하루밖에 남지 않았기 때문이었다.

광장을 나가는 길에 어느 건물 안에 여러 예술 작품을 전시해 놓은 것을 보고 그 안으로 들어갔다.

반지의 제왕에 나오는 나즈굴을 연상시키는 작품

너무도 아름다웠던 그림.

개인적으로 제일 마음에 들었던 그림이다. 자전거 여행인 것도 잊고 하나 살 뻔했다.

광장을 나온 후 마주친 것은 또다시 브뤼셀 증권 거래소였다. 알고 봤더니 그랑플라스 광장 바로 근처에 위치해 있었다. 건물이 하도 멋있어서 천천히 뜯어보던 나는, 아까 미처 발견하지 못했던 놀라운 것을 발견했다. 바로 새빨간 사자의 혓바닥이었다.

너무나 자연스럽게 있어서 빨갛게 채색되어 있는 것인 줄 알았는데, 알고 봤더니 누군가가 빨간 슬리퍼를 끼워놓은 것이었다. 아마도 이날 처음으로 이 사자상을 본 관광객 중 몇몇은 아직도 저 빨간 슬리퍼를 원래 있던 장식으로 생각하고 있을 것이다.

누가 슬리퍼를 저기다 끼워 놨는지 모르겠는데, 용맹한 사자의 혓바닥을 제대로 표현했다.
예술 점수 10점 만점에 10점!

증권 거래소 옆에서 바라본 청사의 첨탑.
 저 첨탑을 중심으로 돌아다니면 웬만한 유명 관광지는 다 돌아다닐 수 있었다.

다음으로 간 곳은 브뤼셀 시장(Brussels Vintage Market)이었다. 그냥 시장 구경만 하러 갔는데 운 좋게도 이곳에서도 역시 아주 신명나는 공연을 볼 수 있었다. 내가 느끼기에는 아까 광장에서 봤던 재즈 공연보다도 더 생동감 넘치고 멋진 공연이었다. 건물 안의 오벨리스크 앞에서 한 밴드가 어깨를 들썩이게 만드는 멋진 연주와 노래를 들려주었다.

브뤼셀 시장(Brussels Vintage market)의 입구.
지붕 쪽 1881이라는 숫자는 아마도 이곳의 건립 연도를 나타내는 듯하다.

시장 안에서 멋진 공연을 구경하고 나오는데, 세상에 바로 밖에서 또 다른 공연과 마주치게 되었다! 멋진 기타리스트와 꽃중년 보컬 형님이 만들어내는 환상의 하모니에 나도 모르게 빠져들었고, 이곳에서는 아예 자리를 잡고 앉아서 맥주를 한잔 하면서 공연 구경을 시작했다.

너무나도 멋졌던 밴드의 공연.
길을 가던 이들이 모두 흠뻑 빠져들었다.

많은 사람들이 가던 길을 멈추고 밴드의 공연을 함께 즐겼다. 지금껏 봐왔던 그 어느 공연보다도 멋지고 화려한 공연이었다.

'Englishman In New York(잉글리쉬맨 인 뉴욕)' 등 멋진 노래들을 라이브로 듣는 행운까지! 정말 환상적인 공연이었다. 공연 후 귓가를 맴도는 노랫소리에 박자를 맞춰가며 자전거로 달린 브뤼셀 거리는, 어느새 매우 친근하게 느껴졌다.

그렇게 자전거로 다니며 이곳저곳 구경을 하다가 또다시 큰 대로변으로 나왔다. 브뤼셀 증권 거래소가 있는 곳 근처에 다시 도착했을 때, 그곳은 하나의 거대한 공연장으로 변해 있었다. 곳곳에서 수많은 거리 공연들이 펼쳐지고 있었고, 사람들은 저마다 자기가 보고 싶은 공연을 빙 둘러싼 채 예술이 살아 숨 쉬는 즐거운 주말 오후 시간을 보내고 있었다. 나는 그중에서도 음악과 함께 즐거운 행위 예술을 하던 공연을 구경했는데, 익숙한 루치아노 파바로티의 'Caruso'가 울려 퍼지는 가운데 사람들의 시선을 잡아끄는 즐거운 춤판이 펼쳐졌다.

한바탕 신나게 구경을 했더니 슬슬 출출해져서 그 유명하다던 벨기에의 와플을 사먹으러 갔다. 와플 빵만 사먹으면 1€(약 1,300원)인데, 그 위에 무엇인가를 얹으면 가격이 마구마구 치솟았다.

너무나도 맛있게 생긴 다양한 모양의 와플들.

내 선택은 초코 시럽이 부려진 딸기 와플. 가격은 자그마치 5€(약 6,600원)였다.

마침 테이블 하나가 비어서 자리에 앉았는데, 길 건너 어린 거리의 연주자가 오보에를 연주하고 있었다. 이날 브뤼셀은 온종일 음악과 함께였다.

맛있는 와플을 먹으며 들었던, 마음을 울리는 연주에 감동한 나는 다시 음악이 듣고 싶어져서 망설이지 않고 다시 그랑플라스 광장으로 향했다. 그곳에서는 오늘 종일 음악이 울려 퍼질 예정이었기 때문이다. 다시 도착한 그랑플라스 광장은 이제 발 디딜 틈 없이 사람들로 가득 들어차 있었고, 재즈 선율은 아까와 마찬가지로 광장 안을 수많은 음표들로 가득 메우고 있었다.

이제는 빈자리가 거의 눈에 띄지 않았다. 재즈 공연은 멈출 줄 모르고 계속되었다.

그랑플라스 광장을 멋지게 장식하고 있는 다양한 석상들.
이 석상들도 마치 광장에 울려 퍼지는 음악을 감상하듯이 이쪽을 내려다보고 있었다.

그렇게 한참을 더 재즈 선율에 몸을 맡기다가 저녁 시간이 다 되어서야 아쉬운 발걸음을 옮겼다. 그런데 이 광장에서 나가는 길에 맥주 가게를 발견했다. 아까 몇 번이고 왔을 때는 보지 못했었는데…. 참새가 방앗간을 그냥 지나갈 수 없기에, 나 역시도 무언가에 홀린 듯이 이 가게 안으로 들어갔다.

평범함을 거부한다! 수많은 종류의 맥주들로 나를 유혹하고 있는 맥주 가게.

밑 부분이 둥근 예쁜 잔.

성당에서 바라본 풍경. 길 양옆으로 집들과 나무들이 늘어서 있다.

Host의 집으로 가는 길, 언덕 꼭대기에 오래되어 보이는 성당이 우뚝 서 있었다.

그렇게 하루 종일 음악, 맥주와 함께했던 즐거웠던 브뤼셀 구경을 마치고 Host의 집으로 발걸음을 옮겼다. 도로는 거의 혼잡함을 찾아볼 수 없었고, 사람들도 간간이 보일 뿐이었다. 내가 방문했던 유럽의 도시들은 진짜 관광객들이 많이 모인 곳을 빼놓고는 그렇게 대부분 조용하고 차분한 모습이었다.

Host의 집으로 들어가기 직전, 나는 Host들이 파티에 가면 무엇인가를 많이 먹고 올 것이라는 생각이 들어서, 가게에 들러 저녁밥을 사서 들어가기로 했다. 나의 선택은 가격 대비 가장 만만하고 먹기 편하며 입맛에도 어느 정도 맞았던 케밥. 이 케밥 가게는 마치 뷔페식으로 재료들이 쫙 진열되어 있어서 케밥 초보도 취향에 맞게 주문할 수 있어서 좋았다.

메뉴가 엄청 많았다. 고르기 힘들 때는 주방장 찬스. 주방장에게 '나는 배가 무지 고프다. 나는 고기와 매운 맛을 좋아한다.'고 말했고, 주방장이 알아서 맛있는 음식을 만들어 주었다.

그렇게 케밥을 사서 집에 들어왔더니 Host가 저녁밥으로 파스타를 해주었다. 정말 배 터지는 밤이었다. 이태리인이 만들어준 정통 파스타라 그런지 맛이 기가 막혔다.

이렇게 음악과 함께, 맥주와 함께, 좋은 사람들과 함께! 너무나도 짧게만 느껴졌던 흥겨운 벨기에 여행이 끝났다. 멋진 사람들을 만나서, 또 멋진 음악들과 함께여서 더욱 행복했던 기억들을 많이 남길 수 있었던 시간이었다.

보너스 원 샷. 이메일을 보낼 일이 있어서 노트북을 빌려 로그인을 하려는데 안 되었다. 뭐가 계속 틀렸다고 했다. 그래서 자세히 살펴보니 우리나라와 영문 키보드 배열이 달랐다. 지금까지 전 세계의 모든 키보드 배열이 똑같을 것이라는 고정 관념을 깨버리는 순간이었다.

2부(프랑스, 스페인, 포르투갈 편)에서 계속….

부록

Euro Velo (유로 벨로 / 유럽 자전거 길)

　유럽 국가들은 유럽 전역을 연결해주는 자전거 길을 지난 1990년대부터 개발하기 시작해서 유로 벨로(Euro Velo)라고 이름 붙여 주었는데, 지금은 17번 도로까지 개발이 되었습니다. 이 유로 벨로를 따라서 유럽 전역을 돌아볼 수 있죠.

　Velo는 프랑스어로 '자전거'라는 뜻인데, 이 자전거 도로를 처음 기획하고 만든 것이 바로 프랑스였기 때문에 이런 이름을 붙였습니다.

　오늘날에는 러시아의 모스크바에서 포르투갈의 리스본까지, 노르웨이 오슬로, 스웨덴 스톡홀름, 핀란드 헬싱키 등 북유럽 국가들부터 그리스 아테네까지, 아일랜드 더블린부터 이탈리아 남부 지역까지, 그야말로 전 유럽을 아우르는 거대한 자전거 도로가 만들어져 있죠.

간혹 비포장으로 정비가 잘 안 되어 있거나 길이 끊겨 있는 경우도 있지만, 대부분의 경우 아주 정비가 잘 되어 있으며, 자전거길 표지판도 알아보기 쉽게 잘 표시되어 있습니다.